Das Tao des Teetrinkens

JOHN BLOFELD

Das Tao des Teetrinkens

Von der chinesischen Kunst,
den Tee zu bereiten
und zu genießen

OTTO WILHELM BARTH VERLAG

Für meinen Tee-Bruder Li Fêng-Hsing (Yü-Yü),
dem ich zutiefst dankbar bin sowohl für seine
stete herzliche Ermutigung wie auch für den
reichen Schatz an wertvollem Material,
den seine Teebücher bergen.

3. Auflage 1990
Einzig berechtigte Übersetzung
aus dem Englischen von Erwin Schuhmacher.
Titel der englischen Originalausgabe: «The Chinese Art of Tea».
Copyright © 1985 by John Blofeld.
Gesamtdeutsche Rechte beim Scherz Verlag, Bern,
München, Wien, für den Otto Wilhelm Barth Verlag.
Alle Rechte der Verbreitung, auch durch Funk, Fernsehen,
fotomechanische Wiedergabe, Tonträger jeder Art und
auszugsweisen Nachdruck, sind vorbehalten.
Schutzumschlag unter Verwendung eines
Fotos von Hans Hinz.

INHALT

Vorwort	7
Historische Einführung	13
1 Tee in Geschichte und Legende	18
2 Kaiser Hui Tsungs Abhandlung über den Tee	49
3 Ein Tee-Handbuch der Ming-Dynastie	58
4 Teeplantagen	62
5 Teehäuser	73
6 Zehntausend Tees	92
7 Tee und Tao	131
8 Bergquellen, die Freunde des Tees	146
9 Tee-Poesie	156
10 Eine Anleitung zur Ausübung der kunstlosen Kunst	167
11 Tee und Keramik	193
12 Tee und Gesundheit	208
Dank	221
In Deutschland erhältliche chinesische Tees	222

VORWORT

Millionen Menschen auf dieser Welt trinken Tee, doch nur wenige wissen etwas von seiner langen und bunten Geschichte. Kaiser und Bauern, taoistische Einsiedler, buddhistische Mönche, Wanderärzte, Mandarine (die gelehrten Staatsbeamten des alten China), liebreizende Damen, Handwerker, Töpfer, Sänger, Maler, Architekten, Landschaftsgärtner, Angehörige von Nomadenstämmen, die gepreßte Teeziegel gegen Pferde eintauschten, sowie Staatsmänner, die Tee dazu nutzten, potentielle Eindringlinge von einer Invasion des Landes abzuhalten – sie alle haben darin eine Rolle gespielt. Über seinen köstlichen Duft, seinen Wohlgeschmack und die angenehm anregenden Eigenschaften hinaus, mit denen er uns erfreut, hat der Tee in erheblichem Maße zur Entwicklung der bezauberndsten Keramiken der Welt beigetragen – sei es in China, Japan, Korea, Dresden oder Staffordshire.

China ist das Ursprungsland allen Tees. Erst seit anderthalb Jahrhunderten wird er (teils aus chinesischem Samen) auch außerhalb dieses Landes angebaut; nur in einigen Nachbarregionen wird er schon erheblich länger erzeugt. Die fast zweitausendjährige Geschichte des Tees ist ein faszinierender Teil der chinesischen Kultur. Chinesische Teeliebhaber haben nie eine so komplizierte Teezeremonie entwickelt wie die des *chanoyu* in Japan – das sie, nebenbei gesagt, nicht sonderlich schätzen, weil seine ausgefeilte Stilisierung der taoistischen Spontaneität und Zwanglosigkeit widerspricht, ohne die für

Chinesen der Teegenuß undenkbar ist. Doch gibt es auch eine besondere chinesische Tee-Kunst, *ch'a-shu* genannt.

Zum *ch'a-shu* gehört das Wissen um den Anbau und die Verarbeitung von Tee wie auch die Kunst, aus feinen Teesorten ein Getränk mit einem Maximum an Aroma und Wohlgeschmack zu bereiten. Die Freude an schöner Keramik und sonstigem Zubehör ist ebenso Bestandteil der Tee-Kunst wie das Sammeln alter Gedichte, Gesänge und Geschichten über den Tee. Vor allem jedoch gehört zum *ch'a-shu* das Wissen, wie man sich entspannt und den Tee in angenehmer Atmosphäre genießt – als Hilfe gegen Streß und die Anstrengungen des Lebens. Eine zusätzliche Empfehlung, die jedoch wegen des erforderlichen beträchtlichen Aufwandes selten befolgt werden kann, ist der Bau eines privaten Teepavillons in landschaftlich harmonischer Umgebung. Natürlich wissen nur wenige über alle diese Einzelheiten Bescheid. Für den Alltagsgebrauch sind die folgenden Elemente der Tee-Kunst von Bedeutung.

Tee schmeckt am besten, wenn er in angenehmer Umgebung inner- oder außerhalb des Hauses genossen wird, in ruhiger Atmosphäre und in stilvollem Rahmen. Eine große Gesellschaft lenkt nur ab, während das Beisammensein mit zwei oder drei Freunden viel zum Genuß des Tees beiträgt. Dieses Buch berät Sie bei der richtigen Wahl eines Tees von hoher Qualität und der Art, ihn sachkundig zuzubereiten. Zwei weitere äußerst wichtige Dinge sind sehr klares Wasser und ein Zubehör-Set von unaufdringlicher Schönheit, das zur Atmosphäre stiller Harmonie beiträgt. Und dennoch kann selbst eine vollkommene Kombination dieser fünf Komponenten – Atmosphäre, Freunde, Tee, Wasser und Tee-Utensilien – ihren Zauber verfehlen, wenn es an der besonderen inneren Einstellung mangelt, die erforderlich ist, um das alles richtig zu genießen.

Der Schlüssel zu dieser inneren Einstellung ist aufmerksames Gewahrsein. Unsere heutige Welt ist so voller Ablenkungen, daß dieses aufgeschlossene Gewahrsein, das sich in alten Zeiten ganz spontan einstellte, heute erst kultiviert werden muß. Hat man es erreicht, werden sich tausend bisher unbeachtet gebliebene Feinheiten offenbaren: zum Beispiel das leise Zischen und Brodeln im Wasserkessel, eine frühlingshafte Frische des Dufts sowie eine sanfte innere Belebung – zu subtil, um von einem zerstreuten Geist wahrgenommen zu werden –, alles das Ergebnis gewisser geheimnisvoller Eigenschaften, die dem Tee innewohnen, besonders grünen und Oolong-Tees im Gegensatz zu schwarzem Tee.

Sobald alle Gedanken an Vergangenheit und Zukunft abgeschaltet sind und man sich ganz auf das Hier und Jetzt konzentriert, können zwei oder drei Menschen, die beisammen sind, um feinen Tee zu trinken, eine breite Palette kleiner Freuden genießen, Augen, Ohren, Nase, Gaumen und die Stimmung betreffend. Ehrfurchtsvolles Schweigen, strenge Formen oder Befangenheit würden dieses Vergnügen stören. Beim Teegenuß sollte man angenehm entspannt sein, sich ganz natürlich geben und über dieses und jenes plaudern. Nach chinesischer Denkart entspricht die Beachtung von Dingen, die man tun oder lassen sollte, wie die japanische Tee-Zeremonie es erfordert, nicht dem wohltuenden Geist des Tees. Will jemand über die Schönheit der Tee-Utensilien sprechen – in Ordnung; man darf nur nicht das Gefühl haben, dazu verpflichtet zu sein. Chinesische Anhänger der Tee-Kunst sind oft Liebhaber von Gedichten und Anekdoten über Tee, die zum Gespräch beitragen können, doch besteht auch hierzu keine Verpflichtung. Der Geist des Tees ist wie der Geist des Tao; er strömt spontan, wandert hierhin und dorthin und widersetzt sich jedem Zwang.

Besteht kein besonderes Interesse an philosophischen oder metaphysischen Themen, sollte man davon Abstand nehmen. Andererseits mag jenen, die sich an solchem Gedankenaustausch erfreuen, der Umstand gefallen, daß die Kunst des Teetrinkens, wie die meisten traditionellen chinesischen (und japanischen) Künste, die Harmonie zwischen den Drei Mächten – Himmel, Erde und Mensch – einbezieht. Der Himmel sorgt für Sonnenschein, die Feuchte des Nebels und den Regen – alle drei für den Anbau von Tee notwendig. Die Erde liefert den Boden, der die Teepflanzen ernährt, den Ton, aus dem Teegeschirr geformt wird, sowie die Felsenquellen, aus denen kristallklares Wasser für den Teeaufguß sprudelt. Der Mensch gibt seine Fertigkeiten bei der Verarbeitung der Teeblätter hinzu und schafft aus Wasser, Teeblättern und Keramik ein kleines Kunstwerk. Die Rolle, die taoistische Einsiedler und buddhistische Mönche bei der Entwicklung dieser Kunst gespielt haben, erfordert ein besonderes Kapitel.

Der für die chinesische Kunst des Teetrinkens so wesentliche sorglose Geist kommt in einem alten Lied zum Ausdruck, mit dem Tee-Meister Chang T'ieh-Chün seine Abhandlung über den Tee beschließt. Inspiriert davon, möchte ich eine freie Übersetzung dieses Liedes an den Anfang meines Buches stellen:

Sinn des Lebens: Glücklichsein

Auf und ab geht es im Leben,
So wie die Sonne auf- und untergeht;
Warum die Tage in Hast und Sorge verbringen?
Nach Glück laßt uns streben als einzigem Ziel!
Was kümmert uns das Geschwätz in den Gassen,
Geht doch ohnehin alles auf und ab,
Bleibet alles im ungewissen.

Denk lieber an die Ernten des Herbstes,
An den Schimmer des Mondes auf dem Fluß.
Sieh die einst prächtigen Häuser der Reichen,

Wie sie dastehen, verfallen und leer.
So wird vergehen Ruhm und Reichtum,
Wie Eiskristalle und Tau vor der Sonne,
Denn allem gebietet das Schicksal.

Laß fahren dahin die irdischen Sorgen!
Warum von prachtvollen Villen träumen
Und streben nach Ehre und Ruhm?
Bist du frei davon, dann singe und schlage die Laute,
Laß frohe Lieder erklingen.
Winkt dir das Glück – greif zu und genieße die Tage,
Lade die Freunde zum frohen Mahl,
Vergnügt euch mit Schach oder Lautenspiel,
Gute Bücher und Bilder beleben das Gespräch.

Oder sitzest du lieber im Nachen unter hängenden Weiden,
Schaust auf die Angel im Wasser oder ruderst
Hübsche Mädchen über den See?
Erzähl ihnen heitre Geschichten
Oder Sagen aus vergangenen Zeiten.
Erfreu dich am Anblick des bunten Blattwerks
Und am berauschenden Duft der Blüten.

Laß deine Laute klingen wie Vogelgesang,
Gleich, ob die Welt dir kühl oder freundlich begegnet.
Aus dem Quell unter der blaugrauen Kiefer schöpf das
  Wasser,

Bring es zum Kochen auf irdenem Ofen, von
  Bambushecken umgeben.
Nimm Blätter vom Drachen- und Phönix-Tee,
Und bereite daraus den köstlichen Trank.
Dann genieße die Freuden des Yang-Hsien-Tees
In den sieben Trinkschalen des Lu T'ung.

Ich hoffe sehr, daß dieser erste Versuch, ein Buch über chinesischen Teegenuß in einer abendländischen Sprache zu schreiben, nicht nur Anklang bei Liebhabern des Tees finden wird, sondern auch bei all denen, die eine gewisse Nostalgie überkommt, wenn sie von der dahingeschwundenen Pracht des kaiserlichen China lesen, einer Pracht, von der nur noch Bücher erzählen. Inzwischen bedauert das neue Regime jedoch das Verschwinden so vieler einzigartiger Traditionen, weshalb die Hoffnung besteht, daß zumindest einige davon wieder aufleben könnten. Immerhin ist man bereits zu der Tradition zurückgekehrt, «Dragon's Well» – Drachenbrunnen – aus dem klaren Wasser der Tigerquelle zuzubereiten. Von den zahllosen Besuchern des West-Sees bei Hangchow steigen heute viele zur Quelle hinauf, um dieses besondere Vergnügen zu genießen. Vielleicht werden einige Leser dieses Buches ihrem Beispiel folgen.

John Blofeld
Wu-Wei Chai
(Studio, in dem man die Dinge von selbst geschehen läßt),
Haus des Windes und der Wolken 1983

HISTORISCHE EINFÜHRUNG

Die nachfolgenden Ausführungen sollen es dem Leser erleichtern, die Geschichten, Gedichte und Anekdoten dieses Buches besser zu verstehen.

Der traditionelle Hintergrund

Herrscher über das alte China war dem Namen nach der «Sohn des Himmels», Angehöriger einer Erbmonarchie mit theoretisch unbegrenzter Macht. In der Praxis jedoch wurde das chinesische Kaiserreich weitgehend von einer gelehrten Elite regiert. Die Auswahl dieser Elite erfolgte auf überraschend demokratische Weise: Jeder, der bestimmte Staatsexamen bestanden hatte, war Anwärter auf ein höheres Amt, vom Friedensrichter bis zum höchsten Staatsminister. Der Lehrplan konzentrierte sich auf Geschichte, Philosophie, Staatskunst und Ethik (alles nach dem konfuzianischen Modell), dazu kamen Dichtkunst, das Abfassen von Essays und Kalligraphie.

So waren also die höchsten Beamten bestens mit den Geisteswissenschaften vertraut. Die meisten von ihnen waren durchaus imstande, Gedichte abzufassen, mehrere Musikinstrumente zu spielen und Landschaften zu malen. Man erwartete von ihnen, daß sie den hehren konfuzianischen Idealen anhingen, unfähig zu Korruption, Ungerechtigkeit oder törichtem Tun. In der Praxis freilich gab es, wie nicht anders zu erwarten, unter ihnen sowohl Persönlichkeiten von höchster Integrität als auch bestechliche Schufte, einfühlsame Poeten wie egoistische Pedanten. Die großen Dynastien erreichten gewöhnlich zweihundert Jahre nach ihrem Entstehen ihren Höhepunkt. Am Ende einer solchen Periode pflegten jedoch die gelehrten Verwalter der Macht ebenso wie die Angehörigen der kaiserlichen Familie, korrumpiert durch ein Leben im Luxus, den Machenschaften von Schönrednern und Speichelleckern zu erliegen, und Bestechlichkeit unter hohen wie niederen Beamten griff um sich. Dann konnte ein Jahrhundert oder mehr vergehen, bis Gebildete und Bauern verzweifelt genug waren, zugunsten einer neuen Dynastie zu revoltieren.

Die Beamten waren verpflichtet, die Staatsreligion zu vertreten. Es war dies eine Form des Konfuzianismus, die lehrte, dem Universum wohne eine weitgehend unpersönliche moralische Ordnung inne. Es gab keinen klar definierten Glauben an Gott oder an ein Leben nach dem Tode, womit das Ganze im Prinzip auf Agnostizismus hinauslief. Rituale zu Ehren der Geister der Ahnen wurden peinlichst befolgt, jedoch mehr wegen der heilsamen Einflüsse dieser feierlichen Riten auf die öffentliche Ordnung als etwa aufgrund einer besonderen religiösen Überzeugung. Nichts hinderte die Beamten daran, sich mit den exaltierten mystischen Lehren des Taoismus oder Buddhismus zu befassen; doch war dies ihre Privatangelegenheit, die ihr öffentliches Wirken kaum beeinflußte.

Das einfache Volk dagegen hing einem Glauben an, in dem sich Konfuzianismus, Buddhismus und Ahnenkult mischten. Bei den gänzlich ungebildeten Schichten gesellten sich noch Züge eines Volksglaubens aus ferner Vergangenheit hinzu. Dieser Volksglaube wandte sich an unermeßliche himmlische Regionen, ganze Galaxien von Göttern, Naturgeistern, Elfen, Kobolden, Geistern, Wertigern, Dämonen und so weiter. Zwar mangelte es dieser Volksreligion an einer mystischen und ethischen Grundlage, doch war sie äußerst lebendig und einflußreich. Wurde doch vielen dieser übernatürlichen Wesen die Fähigkeit zugeschrieben, Krankheiten zu heilen, Mißgeschick abzuwenden und das Leben insgesamt erträglicher zu gestalten. In den phantasievollen Geschichten über Tee spielen die sogenannten Unsterblichen eine besondere Rolle. Das Volk glaubte, in den taoistischen Künsten erfahrene Frauen und Männer könnten ihr Fleisch in eine jade-ähnliche Substanz verwandeln, die gegenüber Feuer und Eis unempfindlich war. Diese Wesen waren auch in der Lage, zu fliegen, wohin sie wollten, so daß einige von ihnen in prachtvollen Wolkenpalästen residierten, andere die Inseln der Seligen im östlichen Ozean bewohnten und wieder andere in einem Paradies irgendwo in Zentralasien lebten. Manche zogen es jedoch vor, als Einsiedler auf den Hügeln und Bergen Chinas zu leben, wo sie, wie in einer Fülle von Geschichten berichtet, mit Sterblichen zusammenkamen und Jünger um sich scharten, die darauf aus waren, ihrerseits die Kunst der Verwandlung zu erlernen.

Viele Adepten der Kunst des Tees gehörten zur Klasse der Gelehrten. Sie teilten den Beinahe-Agnostizismus ihrer Gefährten und gestanden dieser Kunst keinerlei spirituelle Werte zu. Aus Gründen jedoch, auf die ich noch zurückkommen werde, wurden Taoisten und Buddhisten, die den Tee ursprünglich nur als Mittel gepriesen hatten, um während des Meditierens wach zu bleiben, in den Anbau und sogar die Verarbeitung von Tee einbezogen. Deshalb stammt eine beträchtliche Anzahl berühmter Tee-Meister aus ihren Reihen und beeinflußte die Entwicklung der Tee-Kunst.

Weitere sachdienliche Informationen

Chinesischer Tee

In diesem Buch bedeutet das Wort «Tee» gewöhnlich chinesischen Tee – nicht jenen starken rotbraunen Aufguß, der Milch und Zucker braucht, um genießbar zu sein. Ebensowenig sind damit die teuren chinesischen Tees (etwa Lapsang Souchong) gemeint, die englische Damen der Gesellschaft, die Gesichter von breitrandigen Hüten halb verdeckt, während der Epoche König Edwards ihren Gästen im Schatten von Zedern auf grünem Rasen servierten. Auch meine ich damit nicht den grobblättrigen Tee, der uns gewöhnlich in chinesischen Restaurants vorgesetzt wird. Vielmehr spreche ich von den Hunderten von Teesorten feinster Qualität, die für chinesische Teeliebhaber angebaut werden. Immer mehr dieser Teesorten werden nun auch im Westen angeboten. Es handelt sich um drei Kategorien: grünen (unfermentierten) Tee, halbgrünen (teilweise fermentiert, im Englischen allgemein *oolong* genannt) sowie roten (fermentiert, im Westen «schwarzer Tee» genannt). «China-Tee» ist eine Bezeichnung für Tee, der für ausländische Märkte angebaut wird; als «chinesischer Tee» wird vor allem der für lokalen Konsum bestimmte Tee bezeichnet.

Gefäße

Chien waren breite, flache Schalen, die man in alter Zeit benutzte, um darin Tee aufzugießen und auch daraus zu trinken. Gelegentlich bezeichnet man sie auch als Untertassen.

Die in späterer Zeit benutzten Teeschalen waren gewöhnlich etwas größer als die modernen Reisschalen, die anstelle eines Tellers verwendet werden, wenn man mit Stäbchen ißt.

Chung sind etwas größere Tassen mit Deckel und Untertasse, jedoch ohne Henkel. Man kann sie wie gewöhnliche Teetassen verwenden; der Tee wird in ihnen auch aufgegossen.

Chinesische Dynastien

Prä-T'ang	Dynastien vor 618 n. Chr.
T'ang	618– 907
Sung	960–1280
Yüan (mongolisch)	1264–1348
Ming	1368–1644
Ch'ing (Manchu)	1644–1911

Zwei dieser Dynastien überschneiden sich, weil einige Jahrzehnte lang rivalisierende Dynastien, alte und neue, nebeneinander bestanden. Zwischen einigen gibt es Lücken, in denen historisch unbedeutende Dynastien am Ruder waren oder aber der Drachenthron unbesetzt blieb.

1 TEE IN GESCHICHTE UND LEGENDE

Die Prä-T'ang-Periode (vor 618 n. Chr.)

Die Kunst der Teezubereitung nahm ganz gewiß in China ihren Anfang, doch weiß man nicht genau, wann das war. Ch'an-(Zen)-Anhänger schreiben die Entstehung des Tees Bodhidharma zu, freilich auf eine Weise, die kaum jemand ernst nimmt. Der indische Mönch, der um das Jahr 520 den Zen-Buddhismus nach China brachte, soll sich, um während der Meditation nicht einzuschlafen, die Augenlider abgeschnitten haben. Sie fielen zur Erde, und der Legende nach erwuchs daraus die Pflanze *ch'a* (Tee), deren Blätter wie Augenlider geformt waren. Der Aufguß ihrer Blätter half den Meditierenden, wach zu bleiben. In Wirklichkeit wurde Tee schon mehrere Jahrhunderte vor der Zeit des Bodhidharma getrunken.

Nach einer weitverbreiteten Volksmeinung hat der Kaiser Shên Nung (2737–2697 v. Chr.) die guten Eigenschaften des Tees entdeckt. Er war der sogenannte «Vater der Landwirtschaft», der mit Hunderten von Kräutern experimentiert haben soll. Doch ist auch dies eher eine Legende als historische Tatsache. Etwa zu Lebzeiten von Konfuzius (im 6. Jahrhundert v. Chr.) wurde bei Begräbniszeremonien ein Kraut namens *t'u* verwendet. Das chinesische Schriftzeichen für diese Pflanze ähnelt dem für *ch'a* (Tee) und wird oft mit ihm verwechselt. Chinesische Teepflanzer bestätigen, daß *t'u* tatsächlich das ist, was man heute manchmal «bitteren Tee» nennt –

eine Pflanze, die jedoch botanisch nicht zur Familie des Tees gehört. Wie dem auch sei, es kann zuverlässig nachgewiesen werden, daß Tee in der Epoche der Drei Königreiche (222–277) bekannt war. Während der Epoche der Sechs Dynastien (386–589) breitete sich die Sitte des Teetrinkens schnell im Süden und etwas langsamer im Norden Chinas aus. Wir können daher annehmen, daß das erste Teegetränk zu Beginn der christlichen Zeitrechnung, wenn nicht früher, gebraut wurde. Die Tee-Kunst entstand jedoch erst während der T'ang-Dynastie und eroberte sich ihren Platz neben den anderen Künsten: Malen, Kalligraphie, Verfassen von Gedichten, Lautespielen, *wei-chi* (einer Art Schachspiel mit 360 Steinen), den kriegerischen Künsten, Geselligkeiten zum Genießen von Weihrauch, Landschaftsgärtnerei und sonstigem gelehrten Zeitvertreib.

T'ang-Dynastie (618–907)

Tee, ursprünglich wegen seiner medizinischen Eigenschaften getrunken, war als Getränk höfischer Kreise bereits in der frühen T'ang-Ära beliebt. Es ist anzunehmen, daß diese Sitte sich schnell in allen Schichten der Bevölkerung ausbreitete und dann bald von Mongolen, Tartaren, Turkvölkern und tibetischen Nomaden nördlich und westlich der Grenzen Chinas übernommen wurde. Tee wurde sogar zu einem wesentlichen Bestandteil der Ernährung der Nomaden. Da diese fast nur Fleisch und Milchprodukte verzehrten, war Tee, in großen Mengen getrunken, ein wirksames Mittel gegen Erkrankungen, die als Folge des Mangels an Obst und Gemüse entstanden.

Das, was man zutreffend als Tee-Kunst bezeichnet, aber sollte von einem Mann ins Leben gerufen werden, der den Beinamen «Tee-Gott» erhielt.

Der «Tee-Gott» Lu Yü

In China wurde zu allen Zeiten bestimmten Personen durch kaiserlichen Erlaß oder mit breiter Zustimmung des Volkes posthum göttlicher Rang verliehen. Man glaubte, daß die so Geehrten tatsächlich Götter würden und für ewig in den riesigen und prachtvollen Höfen des Himmels wohnten. Um diesen Status zu erlangen, mußte sich der Betreffende beispielhaft verhalten oder als Wohltäter der Menschheit erwiesen haben. Eine solche Person war Lu Yü, der das erste umfassende Werk über Tee verfaßte; es wurde unter dem Namen *Ch'a Ching* oder *Das klassische Buch vom Tee* bekannt.

Amtliche Angaben über sein Leben sind spärlich; ergänzt durch mündliche Überlieferungen ergeben sie jedoch ein recht anschauliches Bild. Er wurde in der zentralchinesischen Provinz Hupei geboren. Über seine Eltern weiß man nichts. Sie scheinen ihn als kleines Kind am Flußufer ausgesetzt zu haben. Glücklicherweise fand der Zen-Meister Chi Ch'an, Abt des Klosters zur Drachenwolke, das Kind und adoptierte es. Er gab ihm den Namen Lu Yü, entnommen dem Begleittext zur Zeile sechs des Hexagramms 53 (*Chien:* allmählicher Fortschritt) im *I-Ging*, dem *Buch der Wandlung*. Der besagt: «Die Wildgans zieht allmählich dem Ufer *(Lu)* zu. Ihre Federn *(yü)* können für den heiligen Tempeltanz verwendet werden – günstiges Geschick.»

Leider ließ sich der Knabe nicht für die mystischen Lehren des Zen begeistern, sondern zog die staatsmännischen Lehren des Konfuzius vor. Deshalb mußte er auf Anordnung seines Adoptivvaters die Säuberung der Klosterlatrinen übernehmen (eine nützliche, aber entwürdigende Arbeit, wie sie als Strafe bei den chinesischen Kommunisten während der Kulturrevolution beliebt war). Außerdem mußte er eine Herde von dreißig Rindern versorgen, die man vor dem Geschlachtetwerden bewahrt und dem Kloster geschenkt hatte. Aber selbst unter diesen mißlichen Umständen ließ sich die Begeisterung des Kindes für die Lehren des Konfuzius nicht unterdrücken. Das wird durch einen Bericht bezeugt, wonach er, rittlings auf einem Ochsen sitzend, mit einem Malstift auf dem Nacken des Tieres Kalligraphie übte. Eines Tages war er dieses Leben leid; er lief weg und schloß sich einer Gruppe herumziehender Schauspieler an. Obwohl er keineswegs ansehnlich aussah und auch etwas stotterte, nahm man ihn dort auf, weil er ein ausgeprägtes Gefühl für Humor besaß sowie ein besonderes Talent für das Zusammenstellen von Texten für die Schauspiele. Vielleicht zeigten sich auch damals schon Ansätze dafür, daß er einmal ein großartiger Musiker, ein Dichter und eine Autorität für alles, was mit Tee zusammenhing, sein würde.

Später ließ er sich in der Provinz Chekiang nieder, die wegen ihrer Gelehrten stets einen großen Ruf genoß. Dort verschafften ihm seine geistigen Gaben ein Amt, das ihm die Aufsicht über die literarischen Erzeugnisse des Erben des Drachenthrons übertrug. Die letzten Jahrzehnte seines langen Lebens verbrachte er in teilweiser Abgeschiedenheit, wobei er an seinen Schriften feilte, vor allem am *Klassischen Buch vom Tee*, das ihn zum ersten der bedeutenden Tee-Meister machte.

Das *Klassische Buch vom Tee* beginnt mit einer Bemerkung, die heute, da der Tee im allgemeinen von niedrigen Sträuchern gepflückt wird, überrascht. Es heißt, daß Teepflanzen eine Höhe zwischen dreißig und sechzig Zentimetern und sogar bis weit über drei Meter erreichen. In der Provinz Szechwan habe es Teebäume gegeben, deren Stamm zwei Männer kaum mit ausgestreckten Armen umfassen konnten! Das Buch beschreibt Teebäume und ihre Standorte, Werkzeuge, die zur Bearbeitung der Blätter benötigt werden, Utensilien zum Aufgießen und Servieren des Tees, Orte, an denen das reinste Wasser zu finden ist, die Eigenschaften zahlreicher Teesorten und vieles andere mehr. Ich habe einst eine handgeschriebene Kopie dieses Werkes übersetzt, jedoch nicht den Versuch einer Veröffentlichung unternommen; denn nur wenige der darin enthaltenen Informationen sind für die Tee-Kunst, wie sie in den nachfolgenden Dynastien entwickelt wurde, von Belang. Das *Klassische Buch vom Tee* ist eher ein Kuriosum denn eine nützliche Informationsquelle für Teeliebhaber von heute. Im übrigen herrscht kein Mangel an Teebüchern.

Unter den vielen Geschichten, die über Lu Yü erzählt werden, verweist eine auf seine fast unglaubliche Fähigkeit, subtile Unterscheidungen zu treffen, wenn es galt, die relative Reinheit des Wassers für die Zubereitung von Tee zu beurteilen. Damals, als es noch keine wirksamen Methoden zur Reinhaltung von Wasser gab, war diese Fähigkeit eine wichtige Komponente der Kunst eines Tee-Meisters. Man erzählt folgendes: Meister Lu Yü reiste als Gast eines hohen Würdenträgers den Jangtse hinunter. Dabei wurde er aufgefordert, Wasser zu probieren, das man im mittleren Teil des Stromes bei Nanling geschöpft hatte, wo das Wasser den Ruf genoß, «das feinste unter dem Himmel» zu sein. Lu Yü probierte ein Schlückchen und stellte die Kanne dann voller Abscheu zur Seite. Das sei Wasser minderer Güte aus der Nähe des Ufers, wo es natürlich brackig oder verunreinigt sein konnte. «Oh, nein!», rief der Beamte, der für die Beschaffung des Wassers verantwortlich war. «Hundert Zeugen können bestätigen, daß ich dieses Wasser persönlich aus der Mitte des Stromes bei Nanling geschöpft habe, so wie Eure Exzellenz es befohlen haben!» Daraufhin benetzte Lu Yü ein zweites Mal seine Lippen und verkündete dann: «Nun ja, es könnte Wasser aus der Strommitte sein; doch hat man es stark mit Wasser aus der Nähe des Ufers vermischt.» Der Beamte, ob dieses ausgeprägten Geschmackssinns verblüfft, gestand nun, etwas von dem kostbaren Wasser sei infolge eines plötzlichen Schwankens des kleinen Bootes, mit dem es zum Schiff des Mandarins transportiert wurde, verschüttet worden. Daraufhin habe er die Kanne mit etwas Wasser von der Stelle des Flusses aufgefüllt, an der das Boot sich befand, als der Verlust eintrat. «Ach, Meister Lu», rief der reuevolle Beamte, «Ihr seid wirklich ein Unsterblicher!»

Eine andere Geschichte handelt von Lu Yüs Adoptivvater, dem Abt des Klosters zur Drachenwolke. Dieser scheint Lu nach dessen Wanderschaft mit den Schauspielern wieder herzlich aufgenommen zu haben. Nachdem Lu Yü sein Haus zum zweiten Mal verlassen hatte, gab der Abt das Teetrinken auf. Man weiß nicht, ob dies aus Kummer geschah oder weil niemand sonst den Tee so zubereiten konnte, wie er ihn liebte. Zufällig kam der Bericht darüber dem Sohn des Himmels zu Ohren, der einfach nicht glauben wollte, daß Meister Lu in dieser Kunst von niemandem übertroffen werden könnte. Um die Probe aufs Exempel zu machen, zitierte er den Abt zu sich in die Hauptstadt. Dort ließ er dem alten Mönch, als wolle er ihm eine besondere Ehre erweisen, Tee servieren, den eine Hofdame zubereitet hatte, deren Geschick als unübertrefflich galt. Als der Abt respektvoll die Tasse zum Munde führte, bemerkte der Herr der Zehntausend Jahre: «Hochwürden, Ihr werdet diesen Tee zweifellos ebenso gut finden, als sei er von Eurem Sohn zubereitet.» Der Abt jedoch setzte die Teeschale sanft nieder, nachdem er einen Schluck gekostet hatte.

«Sieh an», sagt der Kaiser zu sich selbst, «dieser Scharlatan will mir etwas vormachen. Den werden wir aber gleich überführen.» Denn er hatte auch Meister Lu in den Palast kommen lassen, wo er Tee für einen ihm namentlich nicht genannten Gast zubereiten sollte. Der Tee wurde hereingebracht. Der alte Mönch, der keine Ahnung davon hatte, daß sein Adoptivsohn ebenfalls im Palast weilte, kostete das Getränk und lächelte entzückt. «Eure Majestät», rief er, «dieser Tee ist einfach köstlich! Selbst mein Sohn könnte ihn nicht besser machen!» Der Kaiser war nunmehr von dem ungewöhnlichen Geschmackssinn des alten Mannes überzeugt. Er führte Vater und Sohn zusammen und war Zeuge ihrer Wiedersehensfreude.

Es ist klar, daß Meister Lu trotz seiner Widerstände gegen eine buddhistische Erziehung seinen Adoptivvater wirklich liebte. Denn als ihm eines Tages dessen Tod gemeldet wurde, weinte er tagelang ohne Unterlaß und schrieb ein Gedicht, in dem er seine zärtlichen Gefühle zum Ausdruck brachte. Es lautete:

Mich verlangt nicht nach goldenem Becher
Noch nach solchem aus weißer Jade.
Die Morgendämmerung über der Ebene kümmert mich nicht
Und nicht die Sonne, wenn sie hinter den Hügeln versinkt.
Tag und Nacht gilt all mein Sehnen
Den Wassern des Flusses, der von Chingling daherfließt.

Die letzte Zeile soll besagen: «So sehr ich das Wasser aus klaren Gebirgsquellen schätze, ich würde freudig Tee aus gewöhnlichem Wasser trinken, wenn es von dem Ort käme, an dem mein Vater lebte.»

Unser Bild von ihm zeigt Meister Lu als einen zwar exzentrischen, aber liebenswerten Menschen. Doch gibt es auf diesem Bild einen dunklen Fleck. In einer alten Aufzeichnung heißt es: «Nachdem Lu Hung-chien (einer von mehreren Namen Lus) auf dem gegenüberliegenden Flußufer einige Teeblätter gepflückt hatte, befahl er einem jungen Diener, ihr Trocknen über dem Feuer zu beaufsichtigen. Der Knabe schlief ein, und die Blätter verkohlten. Wutentbrannt sperrte Hung-chien ihn in einen Drahtkäfig und warf diesen ins Feuer!» Wir werden nie erfahren, ob an der Geschichte etwas Wahres ist. Es bleibt zu hoffen, daß es sich um eine Erfindung handelt, denn ansonsten würde Tee-Meister Lu wohl kaum einen Platz unter den Göttern verdienen.

Tee als Tribut während der T'ang-Ära

Als Tee noch wild wuchs und knapp war, wurde er nicht von Sträuchern gepflückt, sondern von Bäumen im Schatten hoher Berggipfel. Zunächst wurde Tee für medizinische Zwecke verwendet, um Müdigkeit zu bekämpfen, oder als Mittel gegen den übermäßigen Genuß von Speisen und Alkohol. Mit der Zeit lernte man ihn wegen seines Geschmacks schätzen und erfreute sich an der Schönheit des Zubehörs. Während der T'ang-Ära hieß es, der beste Tee wachse in Yang-Hsien, einer gebirgigen Gegend an den Grenzen der Provinzen Kiangsu und Chekiang (nicht sehr weit vom heutigen Shanghai). Deshalb wurde mit zunehmendem Bedarf ein großer Teil dieser Region in Teeplantagen umgewandelt.

Gegen Ende des achten Jahrhunderts reiste ein kaiserlicher Abgesandter zur Inspektion in diese Gegend. Dabei bewirtete ihn ein Mönch, der in den Bergen lebte, mit Yang-Hsien-Tee, den Lu Yü als den feinsten von allen gepriesen hatte. Der Beamte ließ sofort tausend Unzen davon an den kaiserlichen Hof schicken, der darauf mit der Aufforderung reagierte, ihm jährlich eine bestimmte Menge dieses Tees zu liefern. Das war der Ursprung des «Tribut-Tees», der später für die chinesische Volkswirtschaft große Bedeutung erlangen sollte. Die jährliche Menge des Tribut-Tees stieg bald auf mehrere tausend *catties* (1 *catty* entspricht etwa 600 Gramm). Die allerfeinsten Sorten waren für den persönlichen Gebrauch des Sohnes des Himmels reserviert, die zweitbesten für die Tausende von Höflingen und die Mitglieder der kaiserlichen Familie. Der Rest wurde an hohe Beamte verschenkt. Während der T'ang-Dynastie und den darauffolgenden Dynastien stieg die Menge des Tribut-Tees sprunghaft an, was den Bauern in den Anbaugebieten (die inzwischen auf mehrere Provinzen ausgedehnt worden waren) große Mühsal bereitete. Doch die Volkswirtschaft insgesamt profitierte davon, und die Entwicklung der

Keramik wurde kräftig gefördert. Selbst bei der Verteidigung der Grenzregionen spielte Tee eine Rolle.

Gegen Ende des 8. Jahrhunderts waren etwa 30 000 Menschen dreißig Tage im Jahr mit dem Pflücken und Trocknen von Tribut-Tee beschäftigt. Die Aufsichtsbeamten wählten einen glückverheißenden Tag im dritten Mond (etwa April) aus und versammelten sich in einem Tempel an den Hängen des Ming-Ling-Berges, wo sie den Berggöttern opferten. Danach begab sich in den frühen Morgenstunden eine ganze Armee von Teepflückern, zumeist Mädchen, auf die Berghänge. Ihre Arbeit wurde mit Hilfe von roten Signalflaggen überwacht. Zur Mittagszeit wurde das Pflücken eingestellt. Während des verbleibenden Tages wurden die Blätter auf einem speziellen Rost getrocknet, dann gepudert und zu einer Paste gepreßt, die in Hohlformen gelagert wurde, bis sie sich zu «Kuchen» härtete. Danach wurden diese verpackt und versandt. Diese Arbeit mußte bis Sonnenuntergang erledigt sein. In ausgewählten Dörfern des Anbaugebiets versammelten sich zu dieser Zeit außer vielen Beamten auch Händler aller Art. Es gab amtliche und private Weinschenken sowie Unterkünfte für Freudenmädchen und Musikanten. Ein Gedicht hierüber lautet:

In den Bergen fand ich Wein und Gesang
Und in den Lagerhütten die reizendsten Frauen,
Mädchen und Wein in Hülle und Fülle.
Nie hört' ich bisher solche Musik,
Fand ich so köstlichen Wein und üppige Speisen.

Trotz der offenbar ungewöhnlichen Reize der Freudenmädchen war die Tee-Ernte für die Landarbeiter eine schwere Belastung, fiel doch die Arbeit für den Tee-Tribut in die Jahreszeit des Pflügens. Außerdem wurden die Arbeiter von den Beamten, die eifersüchtig über die staatlichen Gelder wachten und vermutlich auch in die eigene Tasche wirtschafteten, miserabel bezahlt. Die Jahresproduktion in dieser Gegend lag bei 18 000 *catties*. Wegen der Tee-Ernte konnten die Reisfelder nicht ordentlich bebaut werden, und einen großen Teil ihres Lohns gaben die Landarbeiter für die Freudenmädchen aus. Ein Nebenverdienst kam für die Pflücker auch nicht zustande, da der private Handel mit Tee verboten war. Trotzdem müssen die Dorfbewohner aus der schnellen Expansion ihrer Dörfer zu Marktstädten doch wohl einigen Nutzen gezogen haben.

Der «Tee-Narr» Lu T'ung

Die zweite berühmte Gestalt in der Geschichte des Tees war Lu T'ung, ein Poet, von dem man sagte, er habe den Tee geliebt wie das Leben selbst. Lu T'ung wurde gegen Ende des 8. Jahrhunderts im nördlichen China geboren und führte ein zurückgezogenes Leben unter dem Namen Meister Jade-Frühling auf dem Berg der Hütten in der Provinz Hunan. Als Poet und Tee-Meister erwarb er sich die Bewunderung der größten Gelehrten im Lande. Er scheint sich dem taoistischen Prinzip des *wu-wei* (keine berechnete Aktivität, nur spontanes Handeln in Übereinstimmung mit der eigenen Natur) verschrieben zu haben. Denn von früh bis spät tat er kaum etwas anderes, als Verse zu intonieren und das Getränk zu brauen, in das er so vernarrt war, daß einige seiner Zeitgenossen ihn für verrückt hielten. Seinen überschwenglichen Enthusiasmus kann man an einer Zeile aus einem seiner Gedichte ermessen: «Ich kehre mich keinen Deut um das unsterbliche Leben, mir liegt nur am Geschmack des Tees.» Am bekanntesten ist er heute als Verfasser des berühmtesten aller Tee-Gedichte mit dem Titel «Dank an den kaiserlichen Zensor Mêng für seine Gabe frisch gepflückten Tees». Da ich nicht in der Lage bin, es angemessen zu übersetzen, kann ich hier nur eine reimlose Wiedergabe anbieten.

Die Ballade vom Tee

1 Dröhnendes Klopfen an der Pforte weckt mich
Bei Sonnenaufgang aus tiefen Träumen.
Ein Offizier ist es, mit Botschaft vom kaiserlichen Zensor,
In seidenem Umschlag, verschlossen mit großen Siegeln,
Die ich erbrach. Die ersten Worte schon
Rufen den Freund mir lebhaft vor Augen.
Dreihundert *catties* mondförmig gepreßten Tee sendet er mir
Von der Plantage, zu der eine neue Straße führt.
Welch ein Tee! Und so früh im Jahr gepflückt,
Als die Insekten noch kaum ihr fröhlich Summen
Und die laue Frühlingsluft zu wehen begonnen,
Die Frühlingsblumen noch nicht wagten, ihr Haupt zu erheben,
Da selbst der Kaiser noch wartet
Auf seinen jährlichen Tribut an Yang-Hsien-Tee.

2 Welch köstlicher Tee! Gepflückt, ehe die laue Brise
Die Perlen des Frosts von seinen Blättern geweht,
Als die winzigen Knospen schimmerten wie Gold!
Da man ihn verpackte, als er noch frisch und rauchig duftete,
Blieb seine Güte unverdorben gewahrt.
Das ist ein Tee für den Hof und den Adel:
Wie kommt er in meine bescheidene Hütte inmitten der Berge?

3 Um ihn zu feiern, verschließ ich die Tür meiner Hütte,
Denn kein gemeines Volk soll mich stören.
Das schönste Gefäß hol ich hervor,
Um ihn zu bereiten und ganz allein zu genießen.

4 Die erste Schale netzt geschmeidig Lippen und Kehle,
Die zweite vertreibt meine Einsamkeit,
Die dritte verbannt trübe Gedanken
Und schärft das Verständnis für alles, was ich gelesen.
Die vierte beschwingt meinen Atem und läßt
Die Sorgen des Lebens durch die Poren entweichen.
Die fünfte Schale reinigt jedes Atom meines Seins.
Die sechste läßt mich Nähe zu den Unsterblichen fühlen.
Die siebte ist das Äußerste, was ich trinken kann,
Eine leichte Brise entströmt den Achselhöhlen.

5 Wo sind die Inseln der Unsterblichen, zu denen ich fliege?
Ich, Meister Jade-Frühling, will auf den Flügeln der Brise
Mich aufschwingen dahin, wo Unsterbliche über uns schweben,
Durch ihre Göttlichkeit vor Wind und Wetter geschützt.
Wie schwer bedrückt mich das Los jener zahllosen Wesen,
Geboren zu bitterer Mühsal inmitten hochragender Berge.
Zensor Mêng muß ich fragen, ob er mir kann sagen:
Wird jenen Wesen wohl jemals vergönnt, sich auszuruhn?

Um einiges besser erklären zu können, habe ich das Gedicht willkürlich in fünf numerierte Strophen unterteilt. Die erste enthält dreierlei, was einer Erklärung bedarf. Erstens: Kaiserliche Zensoren waren hohe Beamte, deren Pflicht es war, kaiserlichem Zorn die Stirn zu bieten, wann immer es nötig war, den Herrscher wegen eindeutig schlechten Betragens zu ermahnen – selbst wenn sie dabei das eigene Leben riskierten. Zweitens: Zur Zeit der T'ang-Dynastie wurden die Teeblätter zerstampft und, wie schon gesagt, in Hohlformen zu einer Paste gepreßt, ehe man sie als «Tee-Kuchen» zum Versand verpackte. Drittens wagten die Frühlingsblumen nicht, «ihr Haupt zu erheben», weil der Frühling offiziell nicht beginnen konnte, ehe der Kaiser nicht seine erste Ladung Tribut-Tee erhalten hatte.

In der zweiten Strophe wird hervorgehoben, der Tee sei am besten, wenn er noch jung und zart gepflückt werde. Strophe drei impliziert, daß Tee von solcher Qualität höchste Verehrung verdient. Strophe vier ist in der chinesischen Originalfassung so reizvoll, daß die meisten chinesischen Teeliebhaber sie auswendig kennen. Die dort erwähnten Teeschalen waren, anders als die Teetassen unserer Tage, meistens aus Holz, so daß die für das Füllen von sieben Schalen erforderliche Menge etwa dem entsprechen mochte, was selbst ein «Tee-Narr» während einer Teestunde zu trinken imstande war.

Der letzte Teil von Strophe fünf läßt erkennen, daß Lu T'ung tiefe Anteilnahme für die Tausende von Pflückern empfand, die sich schwer plagen mußten, um die Blätter von Bäumen auf den Abhängen hoher Berge zu ernten. Das Pflücken mußte noch vor der Morgendämmerung beginnen, obwohl es zu Frühlingsbeginn dann noch sehr kalt sein konnte; denn nach der Morgendämmerung gepflückter Tee besitzt weniger Aroma. Die Mädchen mußten von etwa vier Uhr früh bis zur Mittagszeit hart arbeiten, um die großen Mengen zusammenzubringen, die der Drachenthron forderte.

Aus dieser Sicht scheint der erste Teil von Strophe fünf einen doppelten Sinn zu haben. Zweifellos ließ die Wirkung der sieben Schalen köstlichen Tees Lu T'ung *tatsächlich* empfinden, es seien ihm die Flügel eines Unsterblichen gewachsen. Doch besagen diese Zeilen auch folgendes: «Die einzigen Leute, die normalerweise einen Anteil am Tribut-Tee erhalten, leben in Palästen oder Villen, durch ihren hohen Rang vor allen Härten des Lebens bewahrt. Wie anders ist dagegen das Los jener Bauern, die schwer arbeiten müssen, um ihn zu ernten.»

Im Palast-Museum in Taiwan hängt ein Bildnis von Lu T'ung, gemalt von dem Sung-Künstler Ch'ien Hsien. Es zeigt ihn mit zwei Gefährten auf einem Teppich im Freien sitzen und darauf warten, daß das Wasser im Kessel kocht. Der Ausdruck auf den Gesichtern ist der von Leuten, die sich versammelt haben, um der Geburt eines Buddha oder Messias beizuwohnen! Leider endete das freudvolle Leben des Tee-Meisters mit einer Tragödie. Er war auf Einladung zweier hoher Minister des Kaisers Wên Tsung in die Hauptstadt gereist. Der Monarch, der sich von seinen Armeechefs wie eine Puppe behandelt fühlte, hatte den zivilen Zweig seiner Regierungsmannschaft beauftragt, das Wachregiment in einen Hinterhalt zu locken und es zu vernichten. Doch die Verschwörung wurde verraten. Die aufgebrachten Wachsoldaten töteten nicht nur die sechshundert Soldaten, die im Begriff waren, sie zu überfallen, sondern auch noch etwa zweitausend Mitglieder der Familien und Anhänger der kaisertreuen Minister. Während dieses Gemetzels wurde dem «Tee-Narren» der Kopf vom Rumpf getrennt und öffentlich – wie der eines Verbrechers – zur Schau gestellt.

Einige Besonderheiten

Während der T'ang-Periode wurde der Tribut-Tee, wie mehrfach erwähnt, in Form von zu «Kuchen» gepreßten Blättern geliefert. Obwohl Tee damals der Allgemeinheit in verschiedenen Formen zur Verfügung stand – grobkörnig, als lose Blätter, zu Pulver gemahlen und als «Kuchen» –, bevorzugten die meisten Teetrinker die letztere Art. Sie schnitten von den «Kuchen» schmale Streifen ab, die dann mit einem Spezialwerkzeug für den Aufguß zu Pulver gerieben wurden. Da es damals noch keine Kessel gab, benutzte man zum Kochen des Wassers eine Art Tonflasche. Tee-Meister, die es mit der Temperatur des Wassers oder der «Suppe», wie man es nannte, sehr genau nahmen, konnten die Wasserblasen nicht sehen, (was heute durch Anheben des Deckels möglich ist). Deshalb beurteilten sie die Temperatur nach den Lauten des zischenden Wassers. Man benutzte den Ausdruck «Suppe», weil oft stark schmeckende Zutaten wie Zwiebeln, Ingwer, Orangenschalen oder Pfefferminz mit dem Wasser aufgekocht wurden. Statt Teetassen verwendete man Schalen. Diese waren ursprünglich aus Holz, später jedoch aus Keramik, von der die aus Yüeh-Chou (heute: Yü-Yao) besonders in Mode waren. In den Haushalten der Reichen wurden auch Teekannen und Trinkgeräte aus Gold oder Silber verwendet; später jedoch löste die Benutzung von Gefäßen aus Metall bei den Tee-Meistern Stirnrunzeln aus.

Im neunten Jahrhundert brachten zwei japanische Mönche, die nach Hause zurückkehrten, etwas Teesamen aus China mit. Damit begann die Geschichte des japanischen Tees. Zweifellos hatten sie sich in chinesischen Klöstern aufgehalten, in denen Pulvertee benutzt wurde, so, wie er noch heute bei der japanischen Tee-Zeremonie verwendet wird.

Sung-Dynastie (960–1280)

Nach der T'ang-Ära wurde China eine Zeitlang von tartarischen Eindringlingen beherrscht. Im Jahre 960 kam jedoch eine neue Dynastie an die Macht, die der T'ang-Zeit an Pracht und Glanz gleichkam. Die Tee-Kunst erreichte neue Höhen, nachdem sie vom Kaiser Hui Tsung (1101–1125), der dritten bedeutenden Gestalt in der Geschichte des Tees, entsprechende Ermunterung erfahren hatte.

Der «Tee-Kaiser» Hui Tsung

Dieser Monarch vernachlässigte zwar seine Herrscherpflichten auf erschreckende Weise, war jedoch eine sympathische und gelehrte Persönlichkeit. Seine Abhandlung über Tee, das *Ta Kuan Ch'a Lun* (siehe Kapitel 2), befaßt sich so fachmännisch mit dem Thema, daß viele bezweifeln, ein Sohn des Himmels, der in erhabener Isolierung von seinem Volk lebte, könne der Autor sein. Doch es gibt eindeutige Beweise dafür, daß er es wirklich war. Er war eher ein Künstler als ein Herrscher, tat sich in der Dichtkunst, beim Abfassen von Essays und in der Malerei hervor. Doch hat ihn seine Besessenheit von Wein, Weib und Gesang schließlich den Drachenthron gekostet.

Innerhalb der Umfriedung seines Palastes herrschte Kaiser Hui Tsung über nicht weniger als 3912 Damen (Kaiserinnen, Konkubinen und weibliche Dienerschaft), doch konnte selbst diese große Vielfalt an Schönheiten sein Begehren nicht stillen. Bei einem Inkognito-Besuch der von Weiden umsäumten Gassen, in denen sich die Häuser schöner und hochtalentierter Kurtisanen befanden, erlag er dem Charme von Li Shih-Shih, der vielleicht berühmtesten dieser «Schwesternschaft» in der chinesischen Geschichte. Er schickte ihren Liebhaber ins Exil und spottete der Konventionen des kaiserlichen Haushalts, indem er eine Nicht-Jungfrau in den Rang einer Konkubine erhob. Leider verführte diese liebliche Dame ihn zu einem noch ausschweifenderen Leben. Zur maßlosen Verblüffung der Traditionalisten am Hofe eröffnete er innerhalb der Palastmauern ein Warenhaus mit den Damen des Gunstgewerbes als Verkäuferinnen. Zum ersten Mal in der Geschichte Chinas befanden sich Staatsminister in der Situation, daß sie seltene Kostbarkeiten bei Schönheiten kaufen konnten, auf die auch nur einen Blick zu werfen sie früher das Leben gekostet hätte. Zweifelos schmeckten die Weine und Teesorten unter diesen Umständen um so besser.

Kein Wunder, daß es in diesem nachlässig verwalteten Reich nach und nach zu anarchischen Zuständen kam. Obwohl der Kaiser schließlich zugunsten seines Sohnes abdankte, konnte er den Untergang nicht mehr abwenden. Eines Tages fiel eine Horde von Tartaren in die Hauptstadt ein und verschleppte sowohl Hui Tsung als auch seinen regierenden Sohn in die Wildnis jenseits der Großen Mauer. Dort schmachteten beide in Gefangenschaft, bis der Tod sie erlöste. Hui Tsung hinterließ ein Gedicht folgenden Inhalts:

Immerdar gedenk ich des Glanzes meiner Jade-Hauptstadt,
Meines Heims als Herrscher über grenzenlose Gebiete,
Der morgendlichen Hofhaltung und der Abende voller Musik.
Jetzt haben die Bewohner jener einst prachtvollen Stadt
Deren einsame Verlassenheit geflohen –
Wie fern sind jene Jugendträume
Angesichts der Traurigkeit mongolischer Wildnis.
Ach, ihr Hügel meiner Heimat – wo seid ihr?
Der Mißklang barbarischer Flöten verfolgt mich hier
Mit schrillen Lauten unter blühenden Pflaumenbäumen.

Armer Kaiser – wie sehr muß er es genossen haben, in seinem Korallenwald und seiner Halle aus Jade Tee zu schlürfen! Und wie sehr muß er die neun langen Jahre des Exils verflucht haben, vor allem, weil es keinen anderen Tee gab als grob gesalzenen, der noch dazu mit Kamelbutter vermischt wurde – dem Geschmack der nomadischen Tartaren entsprechend.

Tribut-Tee

Die vielen köstlichen Teesorten, die heute noch in der südchinesischen Provinz Fukien erzeugt werden, wurden, obwohl zur Zeit der T'ang-Dynastie kaum bekannt, unter den Sung-

Herrschern ab dem Jahre 976 überwiegend als Tribut-Tee bekannt. Die feinste Sorte, Pei-Yüan, erhielt ihren Namen nach der berühmtesten der 46 kaiserlichen Teeplantagen, von denen jede ihre eigenen Trockenöfen und Verarbeitungseinrichtungen besaß. Sie wurde in der Jahreszeit gepflückt, die man «Aufgeregte Insekten» nannte (Anfang März). Dieser Tee ist am besten, wenn er beim Pflücken noch von Morgentau bedeckt ist. Die Qualität der Blätter wurde höher bewertet als ihre Quantität. Die gutausgebildeten Pflückerinnen trugen Namensbezeichnungen an der Kleidung, so daß Teediebe sich nicht unbemerkt unter sie mischen konnten. Ihre Fingernägel durften weder zu kurz noch zu lang sein; denn zum Pflücken bediente man sich der Nägel und nicht der Finger, um zu vermeiden, daß die Blätter durch Schweiß und Körpergeruch verunreinigt wurden. Die Mädchen trugen Körbe auf dem Rücken und hatten Wasserkrüge dabei, damit die Fingernägel öfters gewaschen werden konnten. Andere standen mit vollen Wassereimern bereit, um die frisch gepflückten Blätter zu besprengen.

Auf das Pflücken folgte das Sortieren nach fünf Kategorien, nämlich «kleine Knospe», «mittlere Knospe» (mit einem einzigen Blatt an jedem Stengel), «Purpur-Knospe» (mit zwei Blättern an jedem Stengel), «zwei Blätter mit Knospe» und «Stengelspitzen». Die beiden ersten Sorten lieferten Tribut-Tee, der Rest wurde von den Behörden auf dem Markt verkauft. Nach dem Sortieren wurden die Blätter gedämpft, gerollt, getrocknet, gemahlen und in Hohlformen aus Metall gepreßt, dann in einem Ofen erhitzt. Letzteres geschah mehrfach innerhalb eines Zeitraums von sechs bis zwölf Tagen, wonach der Tee jeweils sofort durch kräftiges Befächern luftgekühlt wurde. Von den 36 Sorten wurden die feinsten durch Stafetten schneller Pferde zur Hauptstadt gebracht, damit sie dort noch ganz frisch ankamen. Der Wert dieser Spitzensorten war: (1) = unverkäuflich, (2) = zwei Unzen Gold, (3) = eine

Unze Gold, (4) = eine halbe Unze Gold pro Teekuchen, der nicht größer als eine Handfläche war. Die Wu-I-Berge, auf denen dieser Tee wuchs, sind bis heute Herkunftsort des besten Tees der Welt geblieben.

Unterschiede gegenüber der T'ang-Dynastie

Obwohl der Tribut-Tee weiterhin zu Kuchen gepreßt wurde, kam auch der Lose-Blatt-Tee, wie wir ihn heute verwenden, schon damals in Mode. Die bevorzugte Herkunft der Teeblätter hatte sich gewandelt wie auch die bevorzugte Quelle klaren Wassers. Der Handel mit den Stämmen an den Grenzen des Reiches war inzwischen so bedeutend geworden, daß Tee, den man gewöhnlich gegen Pferde tauschte, nun auch als Druckmittel gegen wilde Nomadenstämme eingesetzt wurde. Zeigten sie Neigung, aufsässig zu werden, pflegte man ihnen eine jährliche Teemenge vorzuenthalten. Um jederzeit ausreichend Vorräte für die Bezahlung der von der Armee benötigten Pferde zu haben, verbot die Regierung eine Zeitlang allen Beamten unter dem Rang eines Mandarins siebzehnten Grades, Tee zu kaufen. Trotzdem war Teeknappheit einer der Gründe für den Aufstand der Stämme an den Grenzen und die Gründung eines unabhängigen Staates im Norden des Landes.

Keramiken aus der Sung-Periode, die als Teezubehör Verwendung fanden, sind wahre Wunderwerke. Die Teeschalen hatten breiten, flachen Gefäßen Platz gemacht, die man oft «Untertassen» nannte. Man kennt sie unter ihrer chinesischen Bezeichnung *chien*. Die besten Keramiken stammten aus Fuan in der Provinz Fukien. Sie waren glänzend schwarz mit hellen Linien wie ein Kaninchenfell. Da viele Teeliebhaber der Sung-Zeit weiße Teeblätter bevorzugten, wählten sie schwarze Utensilien, um einen möglichst starken Kontrast zur Farbe des Tees zu schaffen. Sie benutzten Teelöffel aus Gold, Silber,

Eisen oder Bambus. Die «Suppen»-Flasche war noch nicht durch den Wasserkessel abgelöst worden.

Der Tee-Kommissar Ts'ai Hsiang

Ein anderer bedeutender Teespezialist der Sung-Ära war der gelehrte Beamte Ts'ai Hsiang, der im Jahre 1012 geboren wurde und im Alter von 56 Jahren starb. Als junger Mann bestand er die schwierigsten Prüfungen mit Auszeichnung. Danach entwickelte er sich zu einem angesehenen Staatsmann und daneben zu einem berühmten Tee-Meister. Geboren in der Provinz Fukien, hatte er sehr viele Möglichkeiten, sich über Tee zu informieren, weswegen er eine Zeitlang den Posten eines Tee-Kommissars erhielt. Dessen Aufgabe war es, das Pflücken, Verarbeiten, Verpacken und den Transport von Tribut-Tee zu überwachen. Außerdem verfaßte er das *Ch'a Lu*, eine für den Kaiser bestimmte Anleitung für den Umgang mit Tee. Ihm und anderen Gelehrten gleicher Befähigung ist es zu verdanken, daß die Tee-Kunst unter den Sung-Kaisern den Höhepunkt ihrer Verfeinerung erreichte.

Ts'ai Hsiang wählte als speziellen Tribut-Tee sogenannte «Kleine Rundkuchen» aus, hergestellt aus einer Blättersorte mit der Bezeichnung «Drachentee Kleines Blatt». Nach dem Zerstampfen und Pressen wurde er zu ungewöhnlich kleinen, runden «Kuchen» geformt. Dieser Tee war von derart hervorragender Qualität, daß von den winzigen Mengen, die auf den freien Markt gelangten, ein *catty* zwei Unzen Gold kostete (anderthalb Unzen pro Pfund). Das ist selbst für heutige Verhältnisse ein exorbitanter Preis, ganz zu schweigen von der Zeit vor neunhundert Jahren. Einmal wurde Ts'ai Hsiang von einer bedeutenden Persönlichkeit eingeladen, einen sehr seltenen Tee zu schmecken, von dem der Gastgeber nur einige Teelöffel besaß. Zufällig kam noch ein weiterer Gast hinzu, dem man die Ehre erwies, sich der kleinen Teegesellschaft anschließen zu dürfen. Kaum hatte Kommissar Ts'ai einen Schluck genommen, bemerkte er: «Exzellenz, ich befürchte, man hat Euch hereingelegt. Das ist zwar tatsächlich ‹Kleines Blatt›, doch hat man ihm einen Tee minderer Qualität beigemischt.» Verblüfft ließ der Gastgeber seinen Diener kommen und fragte ihn aus. Dieser fiel auf die Knie und gestand: «O Herr, wir hatten von diesem besonderen Tee gerade so viel, um ihn zwei Personen servieren zu können. Als nun der geehrte zweite Gast erschien, war ich genötigt, eine kleine Menge anderen Tees hinzuzugeben.» Ein Beweis dafür, wie außergewöhnlich verfeinert Ts'ais Geschmack war.

Während seiner Amtszeit als Gouverneur von Fukien besuchte Ts'ai das Kloster Nêng-Jên, dessen Abt einige Teebäume in einer Bergschlucht gehörten. Aus ihren Blättern hatte der Abt acht Teekuchen hergestellt, von einer Sorte, die später unter dem Namen «Felsen-Kliff Weiß» bekannt wurde. Vier davon übergab er dem Gouverneur; die anderen vier schickte er, ohne Ts'ai darüber zu informieren, an einen angesehenen Gelehrten namens Wang in der Hauptstadt. Es ergab sich, daß Ts'ai ein Jahr später Herrn Wang einen Besuch abstattete. Um einen so bedeutenden Tee-Meister zu ehren, befahl Wang, den besten Tee zu servieren, den es im Hause gab. Ts'ai kostete ihn und rief überrascht: «Wie seltsam! Dieser Tee stammt zweifellos vom Kloster Nêng-Jên in meiner eigenen, weit entfernten Provinz. Wie seid Ihr an ihn gekommen?» Wang beauftragte einen Diener, die Herkunft des Tees herauszufinden. Es ergab sich, daß Ts'ai sich nicht geirrt hatte. Voller Bewunderung erklärte Wang ihn zum größten Tee-Experten der Welt.

Ts'ai liebte Tee-Wettbewerbe. Diese waren ein von den hohen Beamten der T'ang- und Sung-Ära sehr geschätzter Zeitvertreib, der später nur noch selten praktiziert wurde. Es wurde ein Schiedsrichter bestimmt, und dann gossen die Teilnehmer nacheinander einen Tee ihrer Wahl auf, mit klarem

Wasser aus einem nicht genannten Bergquell. Einmal geschah es, daß der große Tee-Meister verlor. Wie war das möglich? Nun, obwohl die Teesorte seines Konkurrenten von minderer Qualität war, erwies sich dessen Aufguß als köstlicher, weil er dazu etwas benutzt hatte, was in einer alten Aufzeichnung aus der Sung-Ära als «bambusgefiltertes Wasser» bezeichnet wird. Niemand weiß heute genau, was das bedeutet. Doch die entsprechende schriftliche Quelle ist vorhanden.

Eine andere Geschichte hat zwar nicht unmittelbar etwas mit Tee zu tun, doch spielt der Tee-Kommissar Ts'ai darin die Hauptrolle. Um ihre Wirkung auf chinesische Zuhörer zu verstehen, muß man sich vorstellen, wie es wäre, wenn ein abendländischer Geschichtenerzähler nicht zueinander passende Wesen, etwa Jupiter, die Jungfrau Maria, Thor, Satan und Krishna, in einer Erzählung zusammenbringen würde. In dieser Geschichte heißt es, Tee-Kommissar Ts'ai habe in seiner Eigenschaft als Gouverneur von Fukien begonnen, eine Brücke über einen wichtigen Wasserweg in der Nähe von Ch'uan-Chou errichten zu lassen, die dann den Namen «Die beste Brücke unter dem Himmel» tragen sollte. Soweit handelt es sich um eine historische Tatsache; alles weitere ist frei erfunden und reicht in mythische Zeiten zurück.

Vor 30 000 Jahren schnitt sich die Polarstern-Gottheit bei Erreichen der Unsterblichkeit den Bauch auf, holte die Eingeweide heraus und warf sie in den Fluß Lo. Da ihr wesentliches *ch'i* (die Lebenskraft) dabei nicht verlorenging, wurden sie zum Geist einer Schildkröte und einer Schlange. Im Laufe der Jahrhunderte erlangten diese Geister durch ständiges Absorbieren von Sonnen- und Mondessenz die Kunst, menschliche Gestalt anzunehmen. Sie gaben sich als Fährleute aus, ließen jedoch regelmäßig ihr Boot in der Mitte des Flusses versinken und verschlangen die Fahrgäste. Eines Tages erschallte eine Stimme vom Himmel und rief: «Ihr habt an Bord den berühmten Gelehrten Ts'ai. Tut ihm kein Leid an!» Tatsächlich trug eine schwangere Frau, die sich im Vorschiff befand, den künftigen Tee-Kommissar in ihrem Leib. Voller Dankbarkeit für die Intervention des Himmels gelobte sie, daß ihr Kind eines Tages eine Brücke über den Fluß bauen werde, so daß niemand mehr ertrinken müsse. Viele Jahre später machte Ts'ai sich daran, dieses Gelübde einzulösen. Doch immer wieder spülten Flutwellen vom Meer die Brücke vor der Fertigstellung weg. Als die Göttin Kuan-Yin erkannte, daß die beiden bösen Geister daran schuld waren, begab sie sich auf einer glückbringenden Wolke zur Baustelle. Dort formte sie aus einem Bambusblatt ein ziemlich großes Boot und gewann den lokalen Flußgott als Bootsmann. Dann nahm sie die Gestalt eines bildschönen Mädchens an und verkündete den Umstehenden, sie werde den jungen Mann heiraten, der eine Goldmünze so werfen könne, daß diese ihren Körper berühre. Die Münzen jedoch, die ins Boot fielen, ohne sie zu treffen, sollten dazu dienen, die Fertigstellung der Brücke zu bezahlen.

Diese Neuigkeit sprach sich in der Gegend schnell herum. Innerhalb von zwei Tagen lagen Hunderte von Goldmünzen im Boot, aber keine hatte ihr Ziel getroffen. Da beschloß der taoistische Unsterbliche Lü Tung-Pin, die Göttin zu necken. In Gestalt eines jungen Scholaren warf er eine Münze, die ihre geheiligte Person berührte. Die Göttin erkannte ihn sofort und beschwerte sich beim Jade-Kaiser, dem Herrscher der taoistischen Himmel. Dieser beauftragte den Donnergott, den pietätlosen Unsterblichen zu vernichten. Der arme Tung-Pin floh in das Haus eines jungen Gelehrten, verwandelte sich dort in ein winziges Insekt und versteckte sich im Schreibpinsel des jungen Mannes. Der Donnergott wußte, daß der junge Gelehrte einmal ein berühmter Mann werden sollte; er wagte nicht, seinen Blitz zu schleudern, und wurde daher verbannt. Der junge Gelehrte hatte ebenfalls Pech. Statt im Alter von zweiundzwanzig Jahren zu hohen Ehren zu gelangen, mußte er weitere sechzig Jahre warten, bis er sein Schlußexamen bestand.

Nun setzte der Gouverneur einen Brief an den Drachenkönig auf und bat ihn, einen glückverheißenden Tag für die Fortsetzung der Bauarbeiten zu benennen. Mit seinen Mitarbeitern beriet er, wer von ihnen wohl fähig sei, zum Meeresboden hinabzusteigen, um den Brief im Palast des Drachenkönigs abzugeben. Zufällig war unter seinen Leuten ein junger Mann, dessen Namen, Hsia Ta-Hai, ähnlich klingt wie die chinesische Formulierung für «unter dem Meer gehen». Dieser glaubte zu hören: «Wer von euch ist Hsia Ta-Hai, der den Brief abliefern soll?» und bat zitternd, ihm diesen Auftrag zu ersparen. Der Gouverneur übergab ihm jedoch ungerührt den Brief und ging zum Abendessen.

Dem armen Hsia war klar, daß es angenehmer wäre zu ertrinken, als wegen Mißachtung eines direkten Befehls bestraft zu werden. Er betrank sich wie «eine in Alkohol eingelegte Eidechse», um die Qual des Ertrinkens zu mildern, und machte sich gehorsam auf den Weg, um seinen aussichtslosen Auftrag auszuführen. Als er jedoch am Meeresstrand angekommen war, brach er zusammen und blieb besinnungslos liegen.

Am Morgen kam Hsia wieder zu Bewußtsein und griff nach dem versiegelten Päckchen, das er in seinem Gewand verwahrt hatte. Es war kleiner geworden! Als er seine Kleidung öffnete, entdeckte er ein Sendschreiben mit dem Siegel des Drachenkönigs. Überglücklich eilte er damit nach Hause und übergab es dem Gouverneur. Es handelte sich um ein einziges Blatt Papier, auf dem mit zinnoberroter Tinte nur ein einziges Schriftzeichen gemalt war: *ts'u* (Essig). Aus der Form des Schriftzeichens schloß der Gouverneur, daß damit die Stunde des Hahns (5–7 Uhr morgens) am einundzwanzigsten Tag des Monats gemeint war. Er ließ Werkzeuge und Baumaterial bereitstellen, und als die glückverheißende Stunde anbrach, setzte auch die Ebbe ein, so daß es leicht war, die Pfeiler in den Grund zu versenken. Das gesamte Projekt wurde nun ohne Störung vollendet.

Die Ming-Dynastie (1368–1644)

Eigentlich braucht man die Geschichte des Tees in China nicht weiter als bis zur Sung-Ära zu verfolgen. Denn obwohl diese Dynastie schon vor über siebenhundert Jahren erlosch, hat sich seit jener Zeit nur wenig an den verschiedenen Arten geändert, den Tee zuzubereiten und zu trinken – sieht man einmal davon ab, daß in der frühen Ming-Dynastie der Lose-Blatt-Tee in Mode kam und bis heute seinen Platz weitgehend behauptet hat. Der Schlußteil der Geschichte des Tees läßt sich daher kürzer abhandeln.

Nach den Sung-Kaisern wurde das Reich vierundachtzig Jahre lang von Mongolen beherrscht. Dann kam die Ming-Dynastie an die Macht und unternahm den Versuch, vergangenen Ruhm wiederaufleben zu lassen. Unter ihrer Herrschaft spielte die Pferde-und-Tee-Behörde eine entscheidende Rolle in der Volkswirtschaft. Die Nachfrage nach Tee seitens der Stämme an den Landesgrenzen war so groß geworden, daß Tee für das Reich zu einem militärisch und finanziell höchst bedeutsamen Rohstoff wurde. Die für den Tausch «Tee gegen Pferde» zuständige Behörde wurde einem hochrangigen Beamten unterstellt. Als Anreiz für die Bauern, Tee in ausreichenden Mengen anzubauen und so den Bedarf an Pferden voll decken zu können, wurde die Steuer wieder auf den niedrigen Satz der T'ang-Ära herabgesetzt, nämlich auf ein Hundertstel der Ernte. Ansonsten befolgte die Verwaltung die Richtlinien aus der Sung-Periode.

Nach Europa gelangte Tee erstmalig in der späten Ming-Ära. Unter denen, die wohlhabend genug waren, sich ihn leisten zu können, waren nicht wenige von der neuen Errungenschaft begeistert. Doch verbreitete sich das Gerücht, Tee schwäche die Vitalität und werde nur exportiert, um die Energien potentieller Feinde Chinas zu mindern – eine Ansicht, die um so seltsamer anmutet, als eine Zeit kommen sollte, in der die Engländer China indisches Opium aufzwangen und damit tatsächlich die Lebensenergien eines Volkes herabsetzten, das besseren Lohn dafür verdient gehabt hätte, daß es der Welt den Tee geschenkt hat.

In der Tee-Kunst unter der Ming-Dynastie erkennt man weitgehend die Traditionen der Sung-Ära. Die Genießer, weit davon entfernt, Tee nach der Art eines «durstigen Ochsen» herunterzuschlucken, schlürften ihn genüßlich nach der Maxime, «Tee sollte oft, jedoch in kleinen Mengen getrunken werden». Inzwischen hatte man erhebliche Fortschritte bei der Herstellung von Teegeschirr aus Keramik erzielt. Die Teekanne wurde als beliebtestes Utensil zum Aufgießen ebenso beibehalten wie die *chien* genannten flachen Trinkschalen, die später den Teetassen Platz machten. Doch übernahm nun der Wasserkessel die Rolle der einstigen «Tee-Flasche» – ein Name, der von da an auf ein ganz anderes Objekt übertragen wurde, auf einen Keramikbehälter zur Aufbewahrung von Teeblättern.

Die Ch'ing- oder Manchu-Dynastie (1644–1911)

Unter der Manchu- (auch Mandschu-)Herrschaft wurden die Traditionen der Sung- und der Ming-Dynastie fortgesetzt. Doch wurde die alte Teesteuer gänzlich abgeschafft aufgrund der Einsicht, daß Tee inzwischen ebenso selbstverständlich zum allgemeinen Bedarf zählte wie die traditionell steuerfreien Artikel Öl, Salz, Brennholz, Reis, Sojabohnen und Essig.

Die Eleganz der Tee-Accessoires in den Häusern der Reichen und deren Vorliebe für bestimmte Wassersorten läßt sich aus einer Stelle eines fesselnden Romans aus dem 18. Jahrhundert mit dem Titel *Das Geheimnis der Roten Kammer* ersehen. Dort serviert eine buddhistische Nonne zwei Freunden des Romanhelden Tee. Dazu benutzt sie eine kürbisförmige Tasse, auf der eine wunderschöne kalligraphische Inschrift eingraviert ist, sowie eine Tasse, die einer Miniatur-Bettlerschale ähnelt und eine «Tautropfen»-Inschrift aufweist.

Der Romanheld beklagt sich, daß die ihm gereichte Tasse aus reiner Jade so unauffällig sei. Nun bringt die Nonne ihm eine große Schale, geschnitzt aus einem knorrigen Bambusstiel in der Form eines mit einem Geweih gekrönten Drachen. Als sie gefragt wird, ob der Tee denn auch mit Regenwasser zubereitet sei, antwortet die Nonne zornig: «Schmeckt Ihr denn nicht den Unterschied? Wie enttäuschend für mich! Ich habe den Tee mit geschmolzenem Schnee zubereitet, der vor fünf Jahren von den Zweigen eines Winter-Pflaumenbaumes abgenommen wurde. Das Schneewasser habe ich dann in einem dämonen-grünen glasierten Krug aufbewahrt. Bisher habe ich mich erst ein einziges Mal dazu durchgerungen, selbst von dieser Kostbarkeit zu probieren. Ihr müßt doch den Unterschied bemerkt haben. Wie könnte bloßes Regenwasser eine solche Leichtigkeit aufweisen oder für einen Tee wie diesen hier verwendet werden?»

Die Ausbreitung des Teetrinkens in anderen Ländern

Während der Ch'ing-Dynastie verbreitete sich das Teetrinken in der ganzen Welt, nachdem es während der T'ang-Ära bereits Japan und Korea erreicht hatte. Aus China mitgebrachter Teesamen führte 1834 in Indien und um 1870 in Sri Lanka zum Aufbau einer einträglichen Tee-Industrie, obwohl der in diesen Ländern erzeugte Tee anders als der chinesische verarbeitet wurde, um dem Geschmack der nichtchinesischen Käufer zu entsprechen. Die Tatsache, daß Angelsachsen den Tee im allgemeinen mit Milch und Zucker trinken und deshalb ein stärkeres und dunkleres Getränk vorziehen, ist vielleicht auf ein zufälliges geschichtliches Geschehen zurückzuführen. Die meisten Chinesen mögen nämlich keine Milch, in welcher Form auch immer, und bevorzugen Tee ohne jeden Zusatz. Die Manchus vermischten ihn jedoch wie die Mongolen und Tibeter oft mit Butter oder Milch. Vielleicht bekamen englische Reisende im 18. Jahrhundert, die gelegentlich bei hohen Manchu-Beamten zu Gast waren, Tee mit Milch vorgesetzt und mochten ihn. Andererseits wurde während der Regierungszeit der Stuarts in England Tee nach chinesischer Art ohne jeden Zusatz getrunken.

Das chinesische Schriftzeichen für Tee wird gewöhnlich wie *ch'a* ausgesprochen, wandelt sich aber in einigen Dialekten längs der Küste zu *tei*. Daher werden die Namen *cha* (oder *chai*) heute noch in Rußland, Zentralasien und Indien benutzt, wohin die ersten Teeladungen aus China auf dem Landwege gelangten. In den meisten europäischen Ländern jedoch lautet die Bezeichnung Tee, *tea*, *thé* oder ähnlich, was darauf hinweist, daß die ersten Ladungen aus Küstenstädten in Südost-China kamen. Die neben Milch und Zucker am häufigsten verwendeten Zusätze sind: Zitrone und Zucker (oder sogar Marmelade) in Rußland und Zentralasien, Minze in vielen moslemischen Gebieten sowie hochprozentiger Alkohol, etwa Wodka oder Rum, in sehr kalten Ländern. Die Inder *kochen* den Tee, während Thailänder und Burmesen manchmal gesalzene Teeblätter kauen. Die Japaner nehmen für ihre Tee-Zeremonie pulverisierten Tee; gewöhnlich trinken sie jedoch unverfälschten Lose-Blatt-Tee wie die Mehrheit der Chinesen. Er schmeckt freilich anders, weil er nach und nach dem Geschmack eines Volkes von Fischessern angepaßt wurde.

Das zwanzigste Jahrhundert

In unserer Epoche haben sich einige wichtige Veränderungen ergeben. Während der Zeit, in der Festland-China kommunistisch wurde, entwickelte sich Zentral-Taiwan zu einem bedeutenden Anbaugebiet für Tee. Die Verarbeitung wurde zunehmend mechanisiert. Aufgrund einer wachsenden Vorliebe für Kaffee bekam der Tee starke Konkurrenz. In vielen Gebieten Ostasiens wird Kaffee in hübsch eingerichteten Kaffee-Salons serviert, wo die Besucher in diskreten Sitzecken bei Schummerbeleuchtung und romantischer Musik sitzen, was besonders die jungen Leute anzieht. Außerdem gibt es seit vielen Jahren Instantkaffee, der, ebenso wie Coca-Cola, große Marktanteile erobert hat. Es bleibt abzuwarten, ob Neuerungen wie Instanttee und Teebeutel das Gleichgewicht wiederherstellen. Tun sie das, werden sich zwar die Tee-Exporteure freuen, für die Freunde wirklich feinen Tees jedoch sind diese Dinge ein Greuel.

Vor der kommunistischen Revolution in China

Während der ersten Hälfte unseres Jahrhunderts blieb in China die Verwendung von Tee als durststillendem Getränk, als Mittel zur Pflege der Geselligkeit und als Zentrum der Tee-Kunst weitgehend dieselbe wie zu Zeiten der Ming- und der Ch'ing-Dynastie. Tee wurde mehrmals am Tage getrunken, bei arm und reich, jedoch vorzugsweise am Morgen. In seinem berühmten Roman *Rikscha-Kuli* schildert Lao Shê, daß Rikschafahrer trotz ihrer Armut große Mengen Tee tranken. In fast jedem städtischen Haushalt gab es eine große Kanne mit Tee, die in einem wattierten Korb warm gehalten wurde; denn es wäre völlig undenkbar gewesen, einem Besucher keinen Tee anbieten zu können. Es gab eine große Zahl besonderer Teeläden, erfüllt vom Duft frischer Jasminblüten, die dem

Tee in Fukien zugesetzt wurden. Trink- und Bestechungsgelder wurden als «Tee-Geld» bezeichnet. In jedem Hotelzimmer stand Tee bereit; die Badehäuser servierten ihn ihren Kunden ebenso wie viele der besseren Ladengeschäfte in der City.

Tee wurde auch zu mancherlei zeremoniellen Zwecken gebraucht. Man opferte ihn den Göttern und den Gräbern der Ahnen, schenkte ihn den Eltern bei Verlobungsfeiern, und bei fast jeder Art von traditionellen gesellschaftlichen Anlässen übergaben die Jüngeren den Älteren Tee. Bei Hochzeitsfeiern war er schlicht unentbehrlich: Teebäume können mehr als hundert Jahre alt werden und symbolisieren daher ein langes Leben und eheliche Treue. Beamte der nationalistischen Regierung ließen ihren Besuchern ganz im Stil der vorangegangenen Ch'ing-Dynastie zu Beginn eines Gesprächs Tee servieren. Sobald der Gastgeber seine Tasse zum zweiten Male zum Mund führte, galt das als Wink für den Besucher, sich zu verabschieden. Kaum hatte ein Mandarin während der Ch'ing-Ära seine Teetasse zum zweiten Male berührt, riefen seine Unterbeamten bereits nach dem Transportmittel des Besuchers, ohne sich darum zu kümmern, ob dieser die höfliche Verabschiedung auch akzeptiert hatte.

Die Tee-Kunst wurde vor der kommunistischen Revolution noch von vielen Angehörigen der gebildeten Schicht praktiziert, wie das bis zum heutigen Tage in Taiwan und chinesischen Gemeinschaften in Übersee der Fall ist. Da die chinesische Tee-Kunst unkompliziert ist, lassen sich ihre Regeln leicht durch das Beobachten der damit vertrauten Familienangehörigen oder Freunde erlernen.

Tee in der VR China

In der VR China spielt Tee auf offizieller Ebene weiterhin seine traditionelle Rolle. Auch in Eisenbahnzügen und Flugzeugen wird Tee gereicht. Päckchen ausgezeichneten Tees und Vakuumflaschen mit sehr heißem Wasser findet man in jedem Zimmer der besseren Hotels. Berühmte Teesorten wie etwa «Drachenbrunnen» werden in oder nahe den Teeplantagen serviert, wo sie wachsen, oder auch in der Nähe historisch bedeutsamer Quellen in den Bergen.

Damit sind jedoch die Ähnlichkeiten mit der alten Zeit bereits erschöpft. Es stimmt traurig, das feststellen zu müssen, doch ist selbst ganz billiger Tee ein Luxus geworden, und die Menschen haben sich daran gewöhnt, einfach heißes Wasser zu trinken – das sie nach wie vor als Tee bezeichnen –, echten Tee können sie nur noch sehr selten genießen. So kommt es, daß viele junge Leute gar keinen Geschmack dafür entwickelt haben, ja, ihn häufig sogar ablehnen.

Und wie steht es mit den einst vielbesuchten Teehäusern? In den chinesischen Städten, die ich 1982 besuchte, habe ich überhaupt keine Teehäuser gesehen, obwohl man mir sagte, in gewissen Anbaugebieten gebe es sie noch. Das Unvorstellbare ist selbst in Kanton und Peking geschehen, wo es in alten Zeiten einfach undenkbar war, einen Tag ohne Morgentee zu beginnen, den man zu Hause oder im Teehaus zu sich nahm.

2 KAISER HUI TSUNGS ABHANDLUNG ÜBER DEN TEE

Diese im Jahre 1107 geschriebene Abhandlung ist für den modernen Leser aus drei Gründen interessant.

Erstens handelt es sich um eine literarische Kuriosität. Es ist ungewöhnlich, daß ein Sohn des Himmels, der praktisch völlig isoliert von seinem Volk lebte, so viel über die Erzeugung von Tee wußte. Doch war Hui Tsung (1101–1125) unter den vielen hundert Herrschern, die im Laufe mehrerer Jahrtausende auf dem Drachenthron saßen, zweifellos der gelehrteste und wahrscheinlich auch der charmanteste. Als er diese Abhandlung mit dem Titel *Ta Kuan Ch'a Lun* verfaßte, befand er sich in heiterster Stimmung, denn im Reich herrschte Frieden, und es zeichnete sich noch kein Schatten der bevorstehenden Gefangenschaft im Exil ab (siehe Kapitel 1).

Zweitens zeugt die Abhandlung von umfassenden Kenntnissen über Anbau, Verarbeitung, Vorbereitung, Aufgießen und Trinken von gepreßtem Tee. Die ins einzelne gehenden Anleitungen für das Aufgießen von Tee in Kuchenform haben für unsere heutige Sitte des Teetrinkens wenig Bedeutung, doch ist es faszinierend zu erfahren, wieviel Mühe damals darauf verwendet wurde, das Getränk in bezug auf Geschmack, Aroma und Farbe möglichst vollkommen zu gestalten.

Drittens vermögen einige Auszüge die Begeisterung der damaligen Teeliebhaber für ein Getränk begreiflich zu machen, das zu jener Zeit äußerst kostbar und sehr schwierig zuzubereiten war und das jedem Sinnesorgan reiches Vergnügen bescherte.

Um das Verständnis des Textes zu erleichtern, ohne mit einer Menge Fußnoten aufwarten zu müssen, stelle ich den Auszügen aus der Abhandlung die folgende Zusammenfassung der einzelnen Phasen voran, die bei der Verarbeitung und Zubereitung von gepreßtem Tee nach altem Brauch zu beachten waren.

1. Bevor der Tee auf den Weg zum kaiserlichen Hof gebracht wurde, mußten die Teeblätter gepflückt, unter heißem Dampf behandelt, zerstoßen, geröstet und in Hohlformen zu Kuchen gepreßt werden. Jeder Kuchen war so hart gepreßt, daß man ihn nicht mit den Fingern zerreiben konnte.
2. Die Zubereitung und das Trinken des Aufgusses erforderten folgende Einzelhandlungen:
Mit einem scharfen Instrument wird die benötigte Menge von gepreßtem Tee abgeschnitten.
Das abgeschnittene Stück wird zu feinem Pulver zerstoßen.
Das Pulver wird mehrfach durch ein Sieb geseiht.
Reines Wasser wird in einer hohen, schlanken «Flasche» zum Kochen gebracht.
Die frisch zu Pulver gemahlenen Blätter werden in einen *chien* geschüttet, eine Schale ähnlich einer Untertasse, die zum Aufbrühen und zum Trinken benutzt wurde.
Aus der «Flasche» wird Wasser auf die Blätter gegossen.
Der Aufguß wird mit einem Bambuswedel umgerührt, der an einen Rasierpinsel erinnert, jedoch anstelle der Pinselhaare scharf zugespitzte Bambussplitter hat.
Das Trinken des Aufgusses erfolgt aus dem *chien*, wobei der Bodensatz zurückbleibt, ähnlich wie beim türkischen Kaffee; auf den immer noch stark teehaltigen Bodensatz wird mehrmals nacheinander heißes Wasser gegossen und der neue Aufguß dann getrunken. Gele-

gentlich wird ein Teil des verbliebenen Bodensatzes gegessen.
3. Im Kapitel mit der Überschrift «Wasser» heißt es, daß auf den Bodensatz im *chien* bis zu siebenmal Wasser gegossen wurde. Daß der Tee nicht fade und geschmacklos wurde, wie es zweifellos geschehen würde, wenn Blätter in einer Teekanne so häufig mit Wasser übergossen würden, ist darauf zurückzuführen, daß das Teepulver nach jedem Umrühren schnell auf den Boden des Gefäßes sank. Offensichtlich war der Tee, der über die Lippen des Trinkenden floß, wenn er die Schalen nacheinander austrank, eine ziemlich helle Flüssigkeit, die nur einen kleinen Teil des Gehalts der zu Pulver gemahlenen Blätter in sich aufgenommen hatte. Da das Wasser nach jedem Aufgießen nur ganz kurze Zeit auf dem Teepulver ruhte, blieb das Aroma bis zum Ende erhalten.

In der Einführung zu seinem Text erklärt der Kaiser, seine Zeitgenossen wüßten im allgemeinen die segensreichen Wirkungen eines kundig zubereiteten Tees nicht zu würdigen. Sie merkten nicht, daß Tee den Geist leicht mache, den Verstand klar und daß er den Menschen von jeder physischen oder mentalen Einengung befreie. Ihnen entgehe, daß er eine heitere Gelassenheit erzeuge, daß alle irdischen Sorgen dahinschwänden und alles, was im Alltag laut und unerfreulich sei, für eine Weile aus den Gedanken verbannt werde.

Zur Zeit der Niederschrift, so vermerkt der Kaiser, war das Reich frei von störenden Einflüssen und wurde gut verwaltet. Hervorragende Persönlichkeiten, die über alles verfügten, wonach es sie verlangte, wandten sich immer mehr solch eleganten Liebhabereien wie der Tee-Kunst zu. Das brachte es mit sich, daß das Ernten und Verarbeiten der Teeblätter, die Qualität des Endprodukts und die für die Zubereitung erforderlichen Fertigkeiten einen Höchststand erreichten. Die Begeisterung für den Teegenuß, für das Erproben seiner Qualität und den Wettstreit mit anderen Teefreunden bei der Zubereitung war so groß, daß selbst ganz einfache Menschen es für beschämend hielten, wenn sie wenig über Tee und die Kunst, ihn zu genießen, wußten. Die Einführung endet mit den Worten: «In Mußestunden befasse auch ich mich gerne mit allem, was beim Umgang mit Tee zu beachten ist. Ich glaube kaum, daß dies bei künftigen Generationen anders sein wird, weshalb ich alles, was ich über Tee weiß, in den folgenden zwanzig Abschnitten niedergeschrieben habe.»

Auszüge aus der Abhandlung

(Die Anmerkungen in Klammern stammen vom englischen Übersetzer.)

Pflücken: Das Ernten der Blätter sollte lange vor Tagesanbruch beginnen und kurz danach aufhören. Das Pflücken erfolgt mit den Fingernägeln, nicht mit den Fingern selbst, damit Frische und Geschmack nicht verdorben werden... Blätter von weißlicher Farbe in Form von Spatzenzungen oder Getreidekörnern sind die besten. Ein Blatt pro Stengel ist ideal; zwei pro Stengel sind das Zweitbeste; sind es mehr, wird das Produkt von minderer Qualität sein.

Dämpfen und Zerstoßen: Dieses Stadium ist unerhört wichtig für die Qualität des Tees. Ungenügend gedämpfte Blätter pflegen farblich zu hell und im Geschmack zu stark zu sein. Zu starkes Dämpfen bricht sie auf, macht sie in der Farbe dunkler und verleiht ihnen einen beißenden Geruch.

Die Gesamtverarbeitung: Die Blätter und alle Utensilien sollten zunächst gründlich gewaschen werden. Die Dauer des Dämpfens und des Zerstoßens muß genau stimmen. Das Zermahlen der vorbereiteten Blätter zu einer Paste erfordert

Wärme, für die das Feuer gerade die richtige Stärke haben und während der genau richtigen Zeit unterhalten werden muß.

Wie man die Qualität beurteilt: Tees sind äußerlich so verschieden wie die Gesichter der Menschen. Ist die Konsistenz des gepreßten Tees nicht fest genug, ist die Oberfläche in der Regel rissig und glanzlos. Sie sollte aber glänzend und von fester Glätte sein. Teekuchen, die am selben Tage verarbeitet werden, an dem die Blätter gepflückt wurden, haben eine leicht purpurrote Farbe; hat die Verarbeitung längere Zeit in Anspruch genommen, ist sie dunkler. Wird gepreßter Tee vor dem Aufbrühen zu Pulver zerstampft, pflegt dieses weißlich auszusehen, es wird aber gelb, sobald das Wasser aufgegossen wird. Es gibt auch feine Teepasten von grünlicher Farbe; das an sich graue Pulver wird bei der Infusion weiß. Man beachte jedoch: Tee kann wunderbar *aussehen*, in der Qualität jedoch schlecht sein; oder umgekehrt, ganz unscheinbar aussehen und doch von bester Qualität sein. Man soll sich also nicht nach dem äußeren Schein richten ... Leider wenden Teehändler allerlei Kunstgriffe an, um den Tee besser erscheinen zu lassen.

Weißer Tee: Weißer Tee ist verschieden von allen anderen und gilt als der feinste. Die Teebäume wachsen wild auf bewaldeten Klippen und haben weit ausladende Äste mit dünnen, glänzenden Blättern. Der Ertrag ist jedoch sehr gering, was man nicht ändern kann. Ein paar Familien auf der Pei-Yüang-Teeplantage besitzen einige dieser Bäume, von denen jedoch nur wenige Blätter treiben, so daß jährlich kaum mehr als zwei oder drei Sack davon geerntet werden. Die Schößlinge und Blätter sind klein; es ist schwierig, sie zu dämpfen und zu trocknen. Denn wenn die Temperatur nicht genau getroffen wird, werden sie wie ganz gewöhnlicher Tee schmecken. Deshalb ist für die Verarbeitung eine besondere Fertigkeit erforderlich, und das Trocknen muß sehr sorgfältig erfolgen. Wird jedoch alles nach Vorschrift getan, dann erhält man ein Produkt, das alle anderen übertrifft.

Zerstoßen und Durchseien: Der Teekuchen sollte mit einem Instrument aus Silber oder wenigstens aus geschmiedetem Eisen zerstoßen werden. Gewöhnliches Eisen, das leicht rostet, würde ihn ruinieren... Das Sieb sollte feinmaschig und stark sein. Die gestoßenen Teeblätter müssen infolge des eigenen Gewichts durchpassieren, da sie nicht mit der Hand berührt werden dürfen. Bei dreifachem Sieben wird das Pulver sehr fein. Selbst nach nur zweimaligem Durchseien sollte es auf dem Wasser schwimmen können. Dabei muß es glänzend schimmern und die richtige Farbe haben.

Das Misch- und Trinkgefäß: Die besten *chien* (Trinkschalen) sind dunkelblau, fast schwarz. Sie sollten verhältnismäßig tief sein, so daß die Oberfläche der Flüssigkeit eine milchige Farbe erhält, ferner breit, damit man mit einem Bambusbesen umrühren kann.

Der Rührbesen: Er sollte aus biegsamem Bambus bestehen, der Handgriff schwer sein, die pinselähnlichen Späne leicht, ihre Spitzen scharf wie Schwerter. Dann nämlich wird es bei Gebrauch des Besens nicht viele Blasen geben.

Die «Flasche»: (Anmerkung: Das war ein hohes und schlankes Gefäß mit einem langgebogenen Gießschnabel.) Die «Flasche» sollte aus Gold oder Silber sein und genau die richtigen Maße haben. Das korrekte Eingießen hängt weitgehend vom Mundstück ab. Die Öffnung, die vom Flaschenbauch zum Gießschnabel führt, sollte weit sein. Die Tülle sollte deutlich gekrümmt, ihr oberer Rand klein und höher sein als das eigentliche Gefäß, damit das Wasser nicht überkochen kann. Tropft die «Flasche» beim Eingießen nicht, wird die Oberfläche der Teepaste in der Trinkschale nicht aufgerührt. (Anmerkung: Das feuchtgewordene Pulver wird konsistent und zu einer Paste; über ihr befindet sich die Flüssigkeit, die man trinkt.)

Das Wasser: Es gibt mehrere Methoden, das heiße Wasser mit dem pulverförmigen Tee zu vermischen... Die folgende bringt ausgezeichnete Ergebnisse. Man gibt eine passende Menge Teepulver in mäßig heißes Wasser, das bereits in den *chien* gegossen wurde, und mischt beides zu einer Paste. Dann gießt man mehr Wasser dazu, wobei die «Flasche» kreisend bewegt wird, um das ausfließende Wasser gleichmäßig zu verteilen.

Die Farbe: Am besten ist der Tee, der beim Aufgießen weiß wird. Der zweitbeste nimmt eine blaugraue Farbe an; grauweiße Färbung steht an dritter und gelbliches Weiß an vierter Stelle. Wurden die Teeblätter bei genau richtigem Wetter gepflückt und perfekt verarbeitet, wird die Farbe garantiert ein reines Weiß sein. War das Wetter jedoch zu warm, weshalb die Sprößlinge so schnell wuchsen, daß das Pflücken und Verarbeiten nicht rechtzeitig abgeschlossen werden konnte, dann wird selbst ein weißer Tee gelb. Blaugraue Färbung weist darauf hin, daß der Tee unzureichend gedämpft und zerstoßen wurde. Eine weißgraue Färbung ist die Folge von zu langem Dämpfen und Zerstoßen. War die Verarbeitung unvollständig, wird die Färbung zu dunkel. Überhitzen beim Trocknen verleiht dem Tee eine rötliche Färbung.

In ihrer Gesamtheit vermittelt die Abhandlung alles, was Teekenner jener Zeit über das Getränk wissen mußten, angefangen beim Pflücken und Verarbeiten bis zum Trinken. Die obigen Auszüge können kaum einen Eindruck von dieser bemerkenswert umfassenden Darstellung geben, da ich alle technischen Einzelheiten weggelassen habe, ausgenommen diejenigen, die mir für unser Verständnis der Tee-Kunst in der Zeit der Sung-Dynastie entweder pittoresk oder wichtig genug erschienen. Mein Bestreben, dem Andenken des hochgelehrten Kaisers Hui Tsung Ehre zu erweisen, drängt mich dazu, nochmals zu betonen, daß dieses Wissen um Tee keineswegs auf die ästhetischen Aspekte beschränkt war. Ganz sicher wäre dieser Sohn des Himmels, der ein so schlechter Herrscher war, daß er seine Tage in leidvoller Verbannung beschließen mußte, fähig gewesen, eine Teeplantage und die dazugehörige Verarbeitungsfabrik mit beispielhafter Fachkenntnis zu leiten.

Manchmal, wenn ich in nachdenklicher Stimmung alleine Tee trinke, beschäftigt sich meine Phantasie mit diesem Kaiser. Ich nehme an, daß es irgendwo in den Tiefen seines Palastes einen kleinen, fast bescheidenen Raum gab, in dem der Herr der Zehntausend Jahre mit feinen Tees experimentierte, sie auf die verschiedenste Weise mit eigener erhabener Hand zubereitete. Zweifellos mußte ein solches Verhalten dem Troß von Palastdamen und Dienern, deren Aufgabe es war, den Kaiser zu baden und anzukleiden, rätselhaft und schockierend erscheinen; mußten sie ihn doch von Kopf bis Fuß bedienen und dafür sorgen, daß nichts an ihn herankam, was auch nur entfernt an körperliche Betätigung erinnern konnte, abgesehen von der Handhabung des Schreibpinsels oder der kaiserlichen Eßstäbchen.

Mehr als siebenhundert Jahre später wurde Vizekönig Li Hung-Chang während eines Besuchs in England von Königin Victoria eingeladen, einem Tennismatch beizuwohnen. Offensichtlich war er von dem Spiel sehr angetan, denn er folgte jeder Bewegung des Balles mit ständigem Kopfwenden. Später meinte er: «Wahrlich, Majestät, das ist ein spannendes Spiel. Doch sagen Sie mir bitte: Warum bezahlen die Höflinge nicht einfach Knaben, damit diese die Bälle für sie hin- und herschlagen? Das würde ihnen doch viel unnötige Mühe ersparen.»

Diese (meines Erachtens vernünftige) Bemerkung kann uns helfen, die Bestürzung zu begreifen, die in Palastkreisen herrschte, als man erfuhr, daß die Himmlische Majestät gelegentlich darauf bestand, seinen Tee selbst aufzugießen! Es läßt sich auch denken, daß diejenigen Hofdamen, denen die Ehre zuteil wurde, den Tee für den Monarchen zubereiten zu dürfen, große Mühe aufwenden mußten, um den Anforderungen des einzigen «Tee-Kaisers» von China gerecht zu werden.

3 EIN TEE-HANDBUCH DER MING-DYNASTIE

Die folgenden Auszüge stammen aus dem *Ch'a Shu,* einem für den Inhaber des Throns erstellten Handbuch, verfaßt von Hsü Tzê-Shu (auch Hsü Jan-Ming genannt). Die hier weggelassenen Abschnitte decken sich inhaltlich weitgehend mit der vorhin beschriebenen Abhandlung des Kaisers. Die folgenden Zitate beziehen sich auf das Wie und Wo des tatsächlichen Teetrinkens. Zu der Zeit, als das Handbuch vollendet wurde, hatte der zu Kuchen gepreßte Tee dem Lose-Blatt-Tee Platz gemacht, der in einer Teekanne aufgegossen und aus Tassen getrunken wurde. Interessant ist, daß auch jetzt noch die Blätter in eine Kanne mit kochendem Wasser geworfen wurden, statt daß man das Wasser über sie goß. Im übrigen sind die hier gegebenen Ratschläge auch für uns heute noch von Wert.

Auszüge aus dem Handbuch
(Die Anmerkungen in Klammern stammen
vom englischen Übersetzer.)

Das Aufgießen: Die Utensilien müssen vollkommen sauber sein. Man breite sie auf dem Tisch aus. Der Deckel der Teekanne muß mit der Innenseite nach oben oder aber auf einer Untertasse liegen. Die Innenseite darf nicht mit dem Tisch in Berührung kommen, da der Geruch von Lack oder Speiseresten den Geschmack des Tees verderben würde. Sobald das kochende Wasser in die Kanne gegossen worden ist, nimmt man einige Teeblätter und wirft sie hinein. Dann wird der Deckel aufgesetzt. Man wartet so lange, wie es dauert, dreimal ein- und auszuatmen, ehe man den Tee in die Tassen gießt, wonach man ihn umgehend wieder zurück in die Teekanne gießt, um auf diese Weise das Aroma freizugeben. Man wartet nochmals drei Atemzüge lang, damit die Blätter sich setzen können, und schenkt den Tee dann den Gästen ein. Bei dieser Methode wird der Tee sehr frisch und hocharomatisch schmecken. Seine Wirkung wird das Wohlbefinden fördern, Müdigkeit bannen und den Geist beleben.

Das Trinken: Eine Kanne mit Tee sollte nicht mehr als einmal aufgefüllt werden. Der erste Aufguß wird köstlich frisch schmecken, der zweite einen angenehmen und reinen Geschmack haben; ein dritter jedoch wäre nicht genießbar. Deshalb sollte auch nicht zu viel Wasser im Kessel sein. Es sollte jedoch noch Wasser übrigbleiben, um etwas davon nach dem zweiten Aufguß auf die Teeblätter zu gießen, da diese weiterhin einen angenehmen Duft verbreiten und der Aufguß später dazu benutzt werden kann, um nach dem Essen den Mund zu spülen. (Anmerkung: Die Sitte, den Mund mit Tee zu spülen, ist heute noch in Nordchina nach jeder Mahlzeit zu beobachten.)

Die Gäste: Sind die Gäste in lärmender Stimmung, sollte man ihnen lieber Wein zu trinken geben; sollten sie dann berauscht sein, könnte man ihnen ganz gewöhnlichen Tee reichen. Nur wenn man Gäste geladen hat, die man besonders schätzt, eben jene guten Freunde, mit denen man ruhig und ohne jede Formalität über alles und jedes sprechen kann, sollte man dem Diener auftragen, das Öfchen zu bringen, Wasser zu holen und Tee zuzubereiten. Wie zwanglos dabei vorzugehen ist, hängt von der Zahl der Gäste ab.

Der Teeraum: Es ist gut, wenn man nahe seinem Arbeitsraum einen kleinen, sauberen, komfortablen und gutbeleuchteten Teeraum hat. An die Wand stellt man zwei tragbare Öfchen, die so abgedeckt sind, daß die Asche nicht herumfliegen kann. Außerhalb des Raumes sollte ein Holzgestell für die Utensilien stehen, auf dem auch ein Vorrat an Wasser bereitgehalten wird. Ferner gehört dorthin ein kleiner Tisch für die verschiedenen Accessoires sowie ein Garderobengestell zum Aufhängen der Teekleidung. Diese Gegenstände werden nur in den Raum gebracht, wenn sie gebraucht werden. Alle sollten Schutzhüllen tragen, um Staub fernzuhalten, der den Tee beeinträchtigen könnte. Die Holzkohle sollte in genügender Entfernung des Öfchens liegen und trocken gehalten werden, damit sie gut brennt. Zwischen Öfchen und Wand sollte genug Platz sein, damit man häufig fegen und, was noch wichtiger ist, sich vor dem Feuer schützen kann.

Tee-Knaben: Das Zubereiten von Tee und das Verbrennen von Räucherwerk sind ein eleganter Zeitvertreib, so daß nichts dagegen einzuwenden ist, dies selbst auszuführen. Hat man jedoch Gäste, muß man auf sie Rücksicht nehmen, weshalb es besser ist, für diese Aufgaben ein paar Knaben auszubilden. Sie sollten täglich sämtliche Utensilien reinigen, jedoch niemals einen der Gegenstände handhaben, ohne zuvor den Dienstherrn zu befragen. Waren die Knaben eine Zeitlang damit beschäftigt, mehrmals nacheinander Tee zuzubereiten, sollte man ihnen etwas Ruhe gönnen und ihnen etwas Kuchen und eine Kanne mit einigermaßen gutem Tee geben. Die Tee-Kunst erfordert, daß allen möglichen Dingen gebührende Aufmerksamkeit geschenkt wird, angenehmen wie langweiligen. Es darf auch nicht das kleinste Detail vernachlässigt werden.

Zeiten fürs Teetrinken (der chinesische Originaltext ist in fast poetischer Form abgefaßt und besteht aus vierundzwanzig viersilbigen Zeilen):

- Augenblicke der Muße
- Gelangweilt von Poesie
- Voller wirrer Gedanken
- Wenn man zu Liedern den Takt schlägt
- Wenn keine Musik ertönt
- Leben in der Abgeschiedenheit
- Bei geistreichem Zeitvertreib
- Bei nächtlichem Gespräch
- Beim Studium an sonnigen Tagen
- Im Brautgemach
- Beim Unterhalten befreundeter Gäste
- Als Gastgeber von Gelehrten und schönen Damen
- Beim Besuch von Freunden, die von weither heimgekehrt
- Bei schönem Wetter
- Bei verhangenem Himmel
- Beim Beobachten vorbeigleitender Boote
- Beim Lagern unter Bäumen und Bambus
- Wenn die Blumen Knospen treiben und die Vögel zwitschern
- An heißen Tagen an einem Lotosteich
- Beim Verbrennen von Weihrauch im Innenhof
- Wenn die trunkenen Gäste gegangen sind
- Beim Besuch einsam gelegener Tempel
- Beim Anblick von Quellen und malerischen Felsen

4 TEEPLANTAGEN

Es kam schon zur Sprache, daß wilder Tee auf hohen Bäumen wächst, von denen einige, wenn überhaupt, nur durch mühseliges Erklimmen hoher Berge erreicht werden können. Bis zum heutigen Tage werden gewisse Teesorten von Bäumen gewaltigen Umfangs gepflückt, die zehn Meter und höher sind. Dazu gehört der in der Provinz Yünnan angebaute berühmte Pu-Êrh-Tee. Der meiste Tee kommt heute jedoch von Teeplantagen, auf denen man die Stämme so beschneidet, daß sie nicht höher als etwa 1,20 m wachsen, so daß die Blätter relativ leicht gepflückt werden können. Die Teeblüten werden in die Knospen eingeklemmt, damit die Blätter kräftiger werden. Im Alter von zehn Jahren sollten die Stämme bis zu einer Höhe von etwa fünf Zentimetern über dem Boden von allen Ästen befreit werden. Dann werden die neuen Äste und Blätter innerhalb von drei bis vier Jahren dicht stehen.

Das Pflücken der Teeblätter erfordert große Geschicklichkeit. Es wird meist von Teams besorgt, die aus jeweils vier bis fünf Mädchen bestehen. Die feinste Ernte erhält man im Frühling, bevor der Regen die zarten Blätter aufschwemmt. Manche Teeliebhaber ziehen jedoch die Blätter, die nach dem Fallen des Schnees gepflückt wurden. Diese ungewöhnliche Teesorte, die im Englischen den Namen «Cloud-Ball» trägt, ist grün, lieblich und köstlich aromatisch. Noch exzentrischer erscheint jener Tee, der bei Einsetzen der Herbstfröste gepflückt wird. Man nennt ihn Tau-Tee. Vorfrühling, Herbst und Winter scheinen für die Ernte besonders geeignet. Teeblätter, die während der Regenfälle des späten Frühjahrs gepflückt werden, sind von etwas minderer Qualität, liefern jedoch einen guten Ertrag. Die im Sommer gepflückten Tees, unter der englischen Bezeichnung «Yellow Branch» bekannt, sind eindeutig von geringerer Qualität. Die ideale Tageszeit zum Pflücken sind die Stunden vor Sonnenaufgang, wenn das natürliche Aroma seinen Höhepunkt erreicht. Die Pflückerinnen müssen meist schon um zwei Uhr morgens aufstehen und trotz kalter Bergwinde und möglicher Begegnungen mit giftigen Schlangen und Insekten zu ihren Arbeitsplätzen aufsteigen. Um sich Mut zu machen, singen sie dabei. Daß ihre einfachen Volkslieder nicht ohne Charme sind, zeigt die folgende Klage eines Mädchens, das in kalter Morgenstunde aus dem Schlaf gerissen wird:

> Zu früher Nachtstund träumt ich von einem Gatten,
> Wie sanft er doch war, mein innig Geliebter,
> Wie zärtlich gaben wir uns der Liebe hin, in inniger
>   Umarmung!
> Oh, grausam plötzliches Erwachen
> Aus der schönen Erregung aller Sinne.
> Verschwunden war mein Traumgeliebter.
> Noch einmal tauch ich zurück in den Traum
> Und befehle dem Liebsten,
> Mich zu erwarten in künftigen Träumen.

Die besten Teeplantagen liegen im südöstlichen China, vor allem in den Küstenprovinzen. Da sie alle in gebirgigen Regionen liegen, in denen das Klima mild und neblig ist, ähneln sie einander so, daß die Beschreibung einer einzigen ausreicht. Es folgt der Bericht über den Besuch einer Teeplantage in den Wu-I-Bergen der Provinz Fukien im Jahre 1944.

Zu jener Zeit waren die in Nord-Süd-Richtung verlaufende Hauptverkehrsstraße in Fukien und die davon abzweigenden

Straßen nur unzulänglich befestigt. Sie wiesen so viele Kurven auf, daß der Benutzer schwindlig werden konnte. Die Berge jedoch, die stärker bewaldet waren als andere Teile des Landes, bezauberten den Reisenden durch ihre Anmut. Bei einem kleinen Marktflecken, der aus einstöckigen Häusern mit gekrümmten Dachrinnen bestand, die jedoch aus roten statt der in anderen Provinzen üblichen grauen Ziegeln gebaut waren, zweigte eine schmale Landstraße ab und stieg in Windungen zum Anbaugebiet des Tees auf. Bald darauf spürte man in der Luft den köstlichen Duft frischen jungen Tees. Ich saß mit meinem Freund Lin auf einem Lastwagen. Dieser bog plötzlich in einen schmalen Seitenweg ab, fuhr unter einem mit dem Namen der Teeplantage beschrifteten Torbogen hindurch und hielt dann inmitten einer Ansammlung von Schuppen, in denen einige Dutzend Männer an der Arbeit waren.

Frisch gepflückte Teeblätter wurden gerollt, getrocknet, teilweise fermentiert, dann geröstet und so zu Oolong-Tee verarbeitet. Der Direktor beauftragte einen Vorarbeiter, uns alles genau zu erklären. Später wurden Lin und ich zum Mittagessen im Büro eingeladen. Danach wurde ein wunderbarer Tee gereicht, und dann durften wir uns selbständig im Gelände umsehen.

Zu beiden Seiten des Bergpfads war der Boden terrassenförmig angelegt, jedoch nicht flach wie beim Reisanbau, sondern in Form geneigter Hänge, die mit prächtig grünen Teebüschen bis zu einer Höhe von 1,20 m bepflanzt waren und einen berauschenden Duft verströmten. Da die Mittagszeit lange vorbei war, wurde nicht mehr gepflückt, auch wenn noch kleine Gruppen von Pflückerinnen zu sehen waren. Die meist noch jungen Frauen trugen die typische Kleidung der bäuerlichen Bevölkerung dieser Region: Jacken mit hohen Kragen und weite blaue oder schwarze Hosen. Die Kleidung war makellos sauber. Die lackschwarzen Haare der verheirateten Frauen waren zu einer dicken Rolle zusammengefaßt. In einigen Fällen bedeckte eine Hutkrempe die Haare über der Stirn und an den Seiten. Der einzige Schmuck dieser jungen Frauen bestand aus langen silbernen Haarnadeln, deren Spitzen mit kleinen Stücken glatter oder geschnitzter Jade verziert waren, sowie Armspangen aus gröberer Jade. Die jüngeren Mädchen trugen ihr Haar in dicken, glatten Zöpfen, die den Rücken herabhingen oder um den Kopf gewunden und mit einem scharlachroten Band festgehalten waren. Die zarte Elfenbeinfarbe ihrer Gesichter war vom Bergwind gerötet, die dunklen Augen glänzten, und ihr freundliches Lächeln war reizend und unbefangen.

Lin betrachtete die Mädchen mit Wohlgefallen und meinte dann: «Hier gibt es gutes Wasser. Das erkennt man an der Reinheit ihrer Haut und dem Glanz ihrer Augen. Guten Tee und gutes Wasser findet man im allgemeinen beisammen. Hier sprudeln die Quellen aus dem Boden und schicken ihr Wasser über saubere Felsen und Kiesel rieselnd in die Tiefe. Es ist so, als wären sie von den alten Tee-Meistern dafür geschult.»

Ich schaute interessiert auf einige der Mädchen, die uns über die Schultern anlächelten, während sie an uns vorbeigingen, und wandte mich dann an Lin. «Sie kommen doch häufig hierher. Kennen Sie einige der Mädchen näher?»

«Da ist nichts zu machen», antwortete er. «Sie scherzen gerne und sind von Natur aus zutraulich. Doch lassen sie sich auf keinen Gelegenheitsflirt ein, weder mit Leuten aus der Stadt noch mit jungen Männern aus ihren Dörfern. Die Sitte verlangt, daß der kleinsten Intimität die Verlobung folgen muß. Wie schade! Die Mädchen aus der Stadt mit ihren Lippenstiften, ihrem Puder und den nachgezogenen Augenbrauen können es mit diesen frischen Mädchen vom Lande nicht aufnehmen. Man muß natürlich berücksichtigen, daß das Wasser in der Ebene anders ist als hier in den Gebirgstälern.»

Beim weiteren Aufstieg kamen wir zu einem verfallenen

Tempel, der dort schon seit Jahrhunderten stand. Der First, der das in Kurven verlaufende und mit doppelten Traufen versehene Dach überragte, war im lokalen Stil dekoriert, mit üppigen und komplizierten Ornamenten, deren Farben im Laufe der Zeit an Leuchtkraft verloren hatten. Im Innern des Tempels wachte das abblätternde Bildnis einer Gottheit über einem baufälligen Altar, auf dem eine brennende Öllampe, einige hohe rote Kerzen in schweren zinnernen Kerzenhaltern sowie ein Weihrauchbecken aus Zinn mit vergoldeten Griffen standen. Eine abblätternde Schrifttafel über dem Altar erläuterte in schwarzen Schriftzeichen, daß wir uns hier in der heiligen Gegenwart der den Berg beschützenden Gottheit befänden. Täfelchen an jeder Seite verkündeten Segen für denjenigen, der sich freundlich gegenüber Mensch und Tier im Herrschaftsbereich der Gottheit verhielt.

An den Altarraum schlossen sich zwei kleinere Räume an; eine Küche und ein Schlafraum für den einsamen Bewacher des Tempels, der nirgendwo zu erblicken war. Da diese Räume nur spärlich und armselig eingerichtet waren, fiel uns das schöne Teegeschirr aus guter I-Hsing-Keramik um so mehr auf. Die Teekanne war nicht größer als eine Orange, die Teetassen kaum größer als Fingerhüte. Es konnte kein Zweifel bestehen, daß ihr Besitzer Teeliebhaber war, und zwar einer, der es verstand, jene Art von Tee zuzubereiten, der wie edler Branntwein genossen wird.

Hinter dem Tempel fand sich eine Art Brunnenhaus aus alten Ziegeln mit einem Wasserrohr aus Bambus, das Wasser aus einer Quelle im Berg herunterführte. Es sprudelte in den «Brunnen», von dem aus es durch ein anderes Bambusrohr zu einem Abfluß geleitet wurde. An einem Holzpfahl hing – als Aufforderung an Vorübergehende, das klare Wasser zu kosten – ein Becher aus Bambus.

Der Pfad wand sich weiter bergauf. Allmählich machten die Teesträucher einem Kiefernwald Platz und dann einigen

Baumgruppen, die ich nicht spezifizieren konnte. Als Antwort auf meine unausgesprochene Frage sagte Lin: «Diese Bäume hier können wild sein oder auch nicht; auf jeden Fall stammen sie von Bäumen ab, die hier schon vor Jahrhunderten wuchsen, den Teebäumen, von denen man in alten Teebüchern lesen kann. Sehen Sie, wie die Berggipfel und die anderen umstehenden Bäume sie vor allzuviel Licht schützen. Man kann sicher sein, daß die Blätter hervorragend sind. Wahrscheinlich kommt der beste Tee der Plantage von hier.»

Beim Anblick ihrer blattreichen Äste wurde ich mir einer magischen Stille bewußt. Sie war nicht vollständig, denn der Bergwind wehte ungestüm, man hörte Vögel zwitschern und rufen sowie das Geraschel von allerlei Getier im Laubwerk. Es herrschte Frieden. Ich hatte das Gefühl, daß hier mein eigentliches Zuhause war, hoch über der Welt des Staubes, aus der ich aufgestiegen war. Auch Lin mußte das gespürt haben, denn er setzte sich auf einen abgeflachten Felsbrocken, weit genug entfernt, um keine Unterhaltung zu erlauben. Da saßen wir etwa eine halbe Stunde lang, starrten auf Felsen und vorüberziehende Wolken, in einen Zustand versunken, der an Glückseligkeit grenzte. Erst als der Nachmittag kühl wurde, standen wir auf und machten uns an den Abstieg, für den wir eine andere Route wählten. Dabei kamen wir in ein einsames Tal, das kreuz und quer von Flüssen durchzogen wurde, die in der Sonne des späten Nachmittags glänzten. Um zu rasten, hielten wir an einem kleinen Gehöft. Hart an der blanken Felswand stand ein baufälliges Gebäude unter einem hohen Strohdach; es entpuppte sich als ein ländliches Teehaus. Als wir an einem wackeligen Holztisch Platz genommen hatten, kam ein kleines Mädchen gelaufen und rief uns zu: «Der Ofen brennt. Ich kann Ihnen Tee bringen, ist es recht?»

«Sehr gut», antworteten wir einstimmig, und Lin setzte hinzu: «Kann man auch etwas zu essen haben?»

Das etwa zwölf Jahre alte Mädchen nickte und antwortete

lachend: «Fremde fragen häufig danach. Stadtleute können nicht drei bis vier *li* aufsteigen, ohne hungrig zu werden. Großmutter hält daher stets einen Vorrat an Reiskuchen bereit. Die sind hier in einer richtigen Büchse geliefert worden. Auf jeder Seite sind ein Drache und ein Phönix aufgemalt.»

Sie brachte uns einen Oolong-Tee, der selbst den Unsterblichen gemundet hätte, jedoch in Schalen aus rohem, schlecht glasiertem Ton, als handle es sich um einen ganz billigen Tee. Dazu stellte sie uns einen Teller mit mondförmigen süßen Reiskuchen hin, die so hart waren, daß ich mir fast einen Zahn ausgebrochen hätte. Über unsere Unerfahrenheit kichernd, erklärte uns die Kleine, daß man die Kuchen in den Tee tunken müsse. Sie schaute dabei die Kuchen begehrlich an. Sie stammten wohl von einem städtischen Markt und mußten in den Augen des Mädchens unglaublich teuer sein. Ich sagte ihr, sie solle eine dritte Teeschale holen und dazu so viele Kuchen essen, wie sie wolle. Ihre Augen wurden groß und rund. Dann lachte sie. «So viele, wie ich mag? O nein, ein paar müssen doch auch für Sie übrigbleiben.» Es stellte sich heraus, daß sie alles aß, was wir übrigließen. Dann dankte sie uns so ernsthaft, als hätten wir ihr nicht nur ein paar Kupfermünzen, sondern eine goldene Haarnadel gegeben. «Auf Wiedersehen, auf Wiedersehen!» rief sie uns nach. «Bitte vergeben Sie uns, daß wir Ihnen einen so armseligen Empfang bereitet haben.»

Während wir langsam ins Tal hinuntergingen, sagte Lin: «Da sehen Sie, wie die Mädchen aus den Bergen sind – ungebildet, aber mit guten Manieren, zu Scherzen aufgelegt und doch von einer gewissen Würde – und wie hübsch sie sind! Wie gerne würde ich hier leben, ein einfaches, treues Mädchen heiraten, das mich richtig umsorgt und mir ohne Klagen sieben oder acht Kinder schenkt. Wie ruhig und friedlich es hier ist! Man riecht den Duft der Teeknospen, es gibt sprudelnd klares Wasser und die einfache Nahrung der Gebirgswelt. Man steht am frühen Morgen auf, wenn die Vögel zu singen beginnen. Man wandert durch die Wälder, trifft auf freundliche Menschen und friedliche Tiere, die keine Angst vor Menschen haben. Man hat ein paar Nachbarn, die etwas von Tee und vom Schachspiel verstehen, eine Hütte mit ein paar Büchern und Saiteninstrumenten. Man könnte leben wie jene Gelehrten der alten Zeit, die sich vor Erreichen des dreißigsten Lebensjahres zurückzogen, um den WEG zu beschreiten und zu Unsterblichen zu werden.»

«Nun ja», antwortete ich. «Wenn man stets den allerbesten Tee zur Verfügung hat, würde man Restaurants, Einkaufsläden, Kinos oder sonstige Zerstreuungen entbehren können. Aber Ruhe und Frieden mit sieben oder acht Kindern?»

Lin lächelte etwas verlegen. «Sie haben ja recht. Aber Sie werden doch einsehen, daß sich das kaum vermeiden läßt, wenn man eine schöne junge Ehefrau und sonst wenig zu tun hat.»

Diese Schilderung einer Teeplantage in der Provinz Fukien aus der Sicht eines Besuchers setzt sich natürlich dem Vorwurf aus, allzu idyllisch zu sein. Doch ließ das saubere und adrette Aussehen der Pflückerinnen, die wir dort trafen, auf einen Lebensstandard schließen, der höher war als der der chinesischen Reisbauern. Die Tage, an denen in einmonatiger Schwerstarbeit Tribut-Tee gepflückt werden mußte, waren längst vergessen. Obwohl Pflücker und Pflückerinnen immer noch zu Frühlingsanfang, wenn der beste Teil der Ernte eingebracht wurde, hart arbeiten mußten, dürfte das Leben der ständig auf den Teeplantagen beschäftigten Menschen während der längsten Zeit des Jahres recht angenehm gewesen sein. Sie sahen gesund und wohlgenährt aus, und ihr Gesichtsausdruck zeugte von innerer Zufriedenheit. Später erfuhr ich, daß es zwei Arten von Teepflückern gibt: zum einen junge Mädchen sowie Frauen mittleren Alters aus den umliegenden Dörfern, deren Väter und Ehemänner zumeist in der Verarbeitung beschäftigt waren. Bei der zweiten Gruppe handelte es sich in der Hauptsache um junge Mädchen und jüngere Knaben, die von weiter entfernt gelegenen Dörfern kamen, um Geld zur Unterstützung ihrer Eltern oder einen Spargroschen für die Heirat zu verdienen. Sie waren meistens Saisonarbeiter (vor allem im Frühling) und wurden in Schlafsälen untergebracht, die zur Teeplantage gehörten. Die Löhne der Neulinge waren vermutlich ziemlich bescheiden; nach einer entsprechenden Ausbildung jedoch wurden die Pflücker, gemessen am damaligen Standard, gut bezahlt.

Die Pflückerinnen mußten zwar sehr früh aufstehen, doch war dafür ihre Arbeitszeit früher zu Ende als die der Arbeiter in den Schuppen. Da sie fernab der Städte im Gebirge lebten und keine besonderen Vergnügungen kannten, erfreuten sie sich hauptsächlich am gemeinsamen Singen. Und sie sangen sehr gut, hauptsächlich Liebeslieder. Mit Liebeleien hatten sie allerdings wenig im Sinn. Denn die Teemädchen waren darauf aus, «eine gute Partie zu machen», das heißt, in eine Familie einzuheiraten, in der zwar jeder, ob jung oder alt, hart arbeiten mußte, das gemeinsame Einkommen jedoch einen bescheidenen Komfort erlaubte. Und die Lieder waren manchmal ein Mittel zu diesem Ziel.

Teelieder werden im Chor gesungen, wobei Männer und Frauen abwechselnd je eine Strophe singen. Da die jungen Mädchen und Männer kaum Gelegenheit hatten, alleine beisammen zu sein, konnten sie ihren Gefühlen wenigstens beim Singen durch Lächeln und bedeutungsvolle Blicke Ausdruck verleihen. War auf diese Weise Verständigung erreicht, konnte der junge Mann sehr wahrscheinlich seine Eltern dazu bringen, den Heiratsvermittler auf den Weg zu schicken, um die Angelegenheit mit den Eltern des Mädchens zu besprechen. Die Lieder boten zahlreiche Möglichkeiten, eine solche Annäherung in Gang zu setzen, wie der nachfolgende Text zeigt.

Knabe: O kleine Schwester, liebstes Nachbarkind,
Deren feine Sitten allseits gepriesen sind,
Wenn wir könnten werden ein Paar,
Glücklich wären wir Jahr für Jahr.

Mädchen: Dann, Bruderherz, frag Vater und Mutter mein,
Da arm wir sind, ist gar nichts mein,
Zu schenken den lieben Eltern dein.

Knabe: Ein duftend Taschentuch, du liebes Kind,
Ersetzt die Dinge, die dir nicht gegeben sind.
Schenk mir nur eins, und sie werden voll Glück
Dir senden Geschenke zur Verlobung zurück.

Mädchen: Du pfeifst dein Lied in würz'ger Bergesluft.
Während ich Schuhe mit bunten Farben besticke.
Magst du sie gern tragen alle Tag,
Dann, lieber Schatz, erfreun uns Liebesspiele Tag
für Tag.

Dieses Lied ähnelt in seiner Schlichtheit durchaus den Liedern der Landbevölkerung in anderen Ländern, doch ist einiges darin typisch für China, reflektiert es doch die Sitten einer Gesellschaft, in der die Eltern über die Heirat entschieden und in der selbst das hübscheste Mädchen nicht geheiratet wurde, wenn es keine entsprechende Aussteuer besaß. Deshalb nehmen im obigen Lied, obwohl es ein Liebeslied ist, nur wenige Zeilen direkt Bezug auf die Liebe, die meisten behandeln Eltern und Lebensumstände. Die Strophe über die Schuhe hat doppelte Bedeutung. Das Mädchen scheint zunächst nur zu sagen, es verfüge zumindest über ein paar nützliche Fertigkeiten zum Ausgleich für seine Armut. Tatsächlich jedoch haben Schuhe in China eine esoterische Bedeutung und können dazu dienen, die Liebe eines jungen Mädchens zu einem jungen Mann zu symbolisieren.

In vielen Regionen Chinas preisen die Lieder der Landbevölkerung den besonderen Charme und die Warmherzigkeit der Teepflückerinnen. Ihre äußere Erscheinung wird mit Tee in Zusammenhang gebracht, verdanken sie doch ihr blühendes Aussehen der kühlen, frischen Luft und dem reinen Wasser, die zum natürlichen Umfeld einer Teeplantage gehören. Darüber hinaus ist Sauberkeit für jeden, der auf einer Teeplantage arbeitet, unabdingbar. Alles in allem: Die liebliche Landschaft, die Wälder, Flüsse, Felsen und das leuchtende Grün der Teeplantagen haben zweifellos einen heiteren und freundlichen Menschenschlag hervorgebracht.

5 TEEHÄUSER

Private Teehäuser

Zur Zeit des Kaiserreichs besaßen aristokratische oder gelehrte Teeliebhaber besondere Räume oder Gebäude, Sommerhäusern ähnlich, um ihre Teestunden in einer vollkommen harmonischen Atmosphäre abzuhalten. Als prächtigste von ihnen gelten immer noch einige der weltberühmten privaten Gärten in Soochow, die im allgemeinen von einem Lotosteich oder einem winzigen See umgeben und über eine im Zickzack gebaute Brücke zugänglich waren. Diese Häuschen waren rund, vier- oder sechseckig gebaut und hatten oft bizarre Dächer mit phantasievoll gekrümmten Dachtraufen, gestützt durch massive Holzpfeiler. Ziegelbauten hatten rundum Fenster in unterschiedlichen Formen, einem Fächer, einer Glocke, einer Blume, einem Blatt, einer Vase oder dem Vollmond ähnlich. Manche verfügten über Faltwände, die man wie die Paneele beweglicher Zwischenwände zusammenschieben konnte. Sie waren aus durchsichtigem Reispapier hergestellt, das über mit Scharnieren verbundene Holzrahmen gespannt wurde, weshalb sie sich je nach Tagesstunde und Wetter leicht zusammen- oder auseinanderschieben ließen. Bei kaltem Wetter wurde der Innenraum durch ein kupfergeschmiedetes Holzkohleöfchen beheizt, so daß man in angenehmer Wärme sitzend nach draußen über das Wasser auf die Felslandschaft und die Bäume blicken und im Herbst die blühenden Chrysanthemen oder im Winter den vom Mond beschienenen Schnee bewundern konnte.

Die Räume waren vermutlich sparsam ausgestattet: ein Divan vielleicht, ein kleiner Tisch mit hölzernen Stühlen oder Hockern aus Porzellan. Dazu kam alles, was benötigt wurde, um die Tee-Kunst zu praktizieren: ein Wasserbehälter, ein tragbares Holzkohleöfchen für die Zubereitung des Wassers sowie ein Schränkchen für die kleineren Accessoires. Diese und die Laternen aus bemaltem Horn oder seidener Gaze, die von den Balken herunterhingen, waren stets von ausgesuchter Eleganz, aber niemals auffallend oder gar protzig.

Im umgebenden Teich schwammen Lotosblätter, Wasserlilien und andere Wassergewächse, je nach der Jahreszeit. Ferner standen seltsam geformte Felsbrocken darin, die oft über tausend Meilen hinweg aus dem Gebirge transportiert und zu Höhlen, Grotten, winzigen Wasserfällen oder Miniaturkatarakten arrangiert waren. Der Garten hatte weder Rasenfläche noch Blumenbeete, sondern war von einem Landschaftsgärtner so angelegt, daß er verschiedenartige Landschaften darstellte, mit kleinen Hügeln, Gruppen von Weiden, Bambushecken, gekrümmten Kiefern oder Bäumen, die für ihre Blütenpracht im Frühling oder ihre herbstliche Laubfärbung bekannt waren. Alles Sichtbare verband sich zu einem Anblick, der mit dem Genuß des Tees harmonierte.

Außer zu Teestunden wurden diese Pavillons für verschiedene gelehrte Betätigungen genutzt: zum Spielen alter Melodien auf einer mit seidenen Saiten bespannten Laute, deren Klang kaum lauter war als das Summen einer Hummel; zum Schachspiel mit je einhundertsechzig schwarzen und weißen Steinen; zum Improvisieren von Gedichten auf Blumen, das Mondlicht im Herbst oder die Wolken bei Sonnenuntergang; zum Abbrennen von Räucherkerzen, Auflösen poetischer Rätsel, Zitieren berühmter Gedichte oder Essays. Nichts Aufdringliches durfte hier stören, und selbst Blumen und Räucherkerzen wurden vor einer Teestunde verbannt, damit ihr schwerer Duft nicht das subtile Aroma des feinen Tees verdarb.

Wesentlich häufiger gab es private Teehäuser, deren Anlage typisch für das altüberlieferte Ideal der Einfachheit und Bescheidenheit war. Das leichte Strohdach ruhte auf schlanken, unlackierten Balken aus Holz oder Bambus, die Wände bestanden aus papierenem Fachwerk. Die rustikale Einrichtung war aus rohem Holz, Bambus, Rohr oder gekrümmten Baumwurzeln gefertigt. Alles hatte seine natürliche Färbung behalten: das Weiß des Reispapiers, die verschiedenen Gelbtöne des Strohs und des Bambus, die Brauntöne des unbemalten Holzes. Oft gab es auch hier einen Teich, doch entsprach die umgebende Landschaft getreulich der nichtmanipulierten Natur oder bezog Obstgärten, Gemüsebeete und Reisfelder ein. In Anpassung an diesen Hintergrund zog man Steingutzubehör solchem aus feinem Porzellan vor; freilich wurden auch weiße oder blaue Porzellantassen akzeptiert.

In Haushalten, die für solche Zwecke nicht genug Grund und Boden zur Verfügung hatten, stand oft ein kleiner Teeraum im Hof oder nahe dem Studierzimmer des Besitzers. (Im 3. Kapitel wird ein solcher beschrieben.) In Europa und den Vereinigten Staaten habe ich Sommerhäuser gesehen, die geradezu danach verlangten, in Teehäuser umgewandelt zu werden. Sie schienen eigens für diesen Zweck entworfen zu sein, weshalb es nur eines geringen Aufwandes bedurft hätte, sie den in diesem Kapital beschriebenen Erfordernissen anzupassen. Derartige private Teehäuschen sollten über einen leicht erreichbaren, aber von außen nicht einsehbaren Platz verfügen, an dem man gewisse große und nicht unbedingt ansehnliche Gegenstände aufbewahren kann (die allerdings im Zeitalter der Wasserleitungen und elektrischen Wasserkessel kaum mehr notwendig sind). Eine sparsame Ausstattung kann einen kleinen Raum größer erscheinen lassen, als er ist.

Die Umgebung eines Sommerhauses braucht vielleicht gar nicht sehr verändert zu werden. Einige der im nachfolgenden aufgezählten Elemente sollten jedoch vorhanden sein: irgendein Wasser (ein Fluß, ein Teich, ein mit Hilfe weniger Steine und einer dahinter verborgenen Wasserzufuhr errichteter Miniaturwasserfall, Bäume (vor allem Kiefern, Zedern oder blühende Bäume), am Horizont Hügel oder Felsbildungen. Es sollte auch eine Kochgelegenheit für das Wasser geben, denn die Vorfreude auf den Teegenuß wird durch das Geräusch blubbernden Wassers und zischenden Dampfes noch gesteigert. Ideal wäre ein tragbares Öfchen, das mit rauchloser Holzkohle befeuert wird, doch ist auch eine elektrische Kochplatte akzeptabel, da sie sauber und geruchlos ist. Ein Gasofen kann das Aroma eines sehr feinen Tees beeinträchtigen, aber man muß natürlich mit dem vorliebnehmen, was zur Verfügung steht und was möglich ist. Es gibt da keine starren Regeln.

Öffentliche Teehäuser

Ihre Geschichte

Vor der kommunistischen Revolution gab es in jeder chinesischen Großstadt zahlreiche Teehäuser, aber auch in ländlichen Regionen, in denen sich landschaftliche Schönheit, alte Tempel, berühmte Quellen und Teeplantagen fanden. Die Teehäuser wurden vom frühen Morgen bis fast gegen Mitternacht von jung und alt frequentiert. Einige Leute kamen zum Essen und Trinken oder einfach zur Entspannung; andere wollten verschiedene Sorten Tee probieren oder geschäftliche Unterredungen führen, Geschäfte abwickeln, Eheschließungen arrangieren, Freunde treffen, Besucher oder lokale Größen bewirten, Gedanken austauschen, sich über Gott und die Welt unterhalten, Gedichte deklamieren, Geschichtenerzählern lauschen. Wieder andere kehrten dort ein, um Bekanntschaften zu erneuern, sich im Winter zu wärmen oder im Sommer abzukühlen, regionale Sitten und Gebräuche zu beobachten (wenn man sich auf Reisen befand), Sorgen zu vergessen, Streitigkeiten zu schlichten – die Liste ist schier endlos. Manch einer schaute zwischen zwei Verpflichtungen auf eine Tasse Tee herein oder vertrödelte dort den ganzen Tag bei einigen Schalen Tee und ein paar Snacks.

Öffentliche Teehäuser gab es schon zur Zeit der T'ang-Dynastie; doch scheinen sie damals hauptsächlich Teekennern gedient zu haben. An diesem Trend hat sich wohl auch während der Ming-Dynastie nicht viel geändert. Es gab Teezimmer, deren Wände mit Gemälden berühmter Maler und mit kalligraphischen Inschriften geschmückt waren, wenn der Besitzer wohlhabend und kultiviert war. Die Teehäuser der Ch'ing-Dynastie ähnelten bereits denen, die ich in den 1930er Jahren besuchte. Sie waren sehr verschiedenartig, standen jedoch durchweg allen Bevölkerungsschichten offen, von den wohlhabenden Bürgern bis zu Lehrlingen, Handwerkern, Arbeitern, Flußschiffern, Rikschafahrern und Dorfbewohnern, die in die Stadt kamen, um ihre Produkte zu verkaufen.

Auf meinen Reisen war ich stets daran interessiert zu beobachten, wie diese Teehäuser von Provinz zu Provinz variierten, Spiegel des jeweiligen Lebensstils waren, der sich aufgrund von Klima, Topographie, kulturellen und sozialen Sitten ausgebildet hatte. Da ich die chinesischen Bergregionen und Flußgebiete meist alleine bereiste, war ich immer sehr darauf aus, in den verschiedenen Orten die Bekanntschaft von Teehausbesuchern zu machen. In dieser freimütigen Atmosphäre war es leicht, mit Bedienungspersonal und Gästen ins Gespräch zu kommen, um so mehr, als man in vielen Provinzen an großen Tischen mit langen Bänken dicht beieinanderhockte. Die meisten Leute schienen sehr erfreut zu sein über die Gelegenheit eines Gesprächs mit einem Besucher, der vom äußeren Rand der «Vier Meere» nach China gekommen war.

Nordchina

Im Norden tranken die Menschen viele Male am Tag Tee. Doch waren dort nur zwei Teesorten wirklich populär, nämlich grüner Tee und Blütentee. In Großstädten wie Peking und dem nahe gelegenen Hafen Tientsin jedoch konnte man die verschiedensten Tees aus ganz China bekommen. Tientsin, damals mehr «verwestlicht» als die alte Hauptstadt, besaß eine Anzahl sogenannter «Teegärten». Freilich war das eine irreführende Bezeichnung; lagen doch die meisten in mehrstöckigen Gebäuden zwischen Läden und Unterhaltungsstätten, die um einen zentralen Hof gruppiert waren. Und genaugenommen waren es auch keine echten Teestuben, da man eine Eintrittskarte für eine Art Varietévorstellung kaufen mußte. Die Zuschauer saßen an kleinen Tischen, verzehrten Leckerbissen und tranken Wein oder Tee, während sie den Akrobaten, Schwertschluckern, Tänzern und Geschichtenerzählerinnen zuschauten oder lauschten. Falls es nur Stehplätze gab, konnte jemand, der eine solche Gaststätte erst spät betrat, kaum auf eine einzige Tasse Tee hoffen.

Was mir an Tientsin gefiel, waren die Verkaufsläden für Tee, an deren Wänden Hunderte von hölzernen Schubladen installiert waren, auf denen die Namen des Tees in grünen Schriftzeichen aufgemalt waren. Einige Namen waren sehr fantasievoll, andere poetisch oder mit historischem Bezug, wieder andere geographisch – alle jedoch wohlklingend. Und darüber hinaus erfüllten Berge von Jasminknospen die Räume mit ihrem Duft. Was der Nordchinese Blütentee nennt, ist im allgemeinen eine mittlere oder mindere Sorte von grünem oder «rotem» Tee, durchsetzt mit zwei oder drei frischen Knospen, jedoch nicht, wie im Süden, mit getrockneten Blüten verarbeitet. Feine Tees wurden niemals mit Blüten vermischt, deren starker Geruch das zarte Aroma des Tees erdrücken würde.

In Peking gab es damals Hunderte von Teehäusern. Bei meinem letzten Besuch im Jahre 1982 habe ich leider kein einziges mehr gesehen. Das neue Regime hatte den größeren Teil der Altstadt, die hauptsächlich aus schönen Häusern im chinesischen Stil bestand, errichtet um baumbestandene Innenhöfe, niederreißen lassen. Die schönen alten Gebäude wurden durch monotone Wohnblocks ersetzt. In der guten alten Zeit trank jedermann große Mengen Tee, wenn er nicht gerade bettelarm war. Als gewohnheitsmäßige Frühaufsteher begannen die Familienväter schon bald nach der Morgendämmerung die Teehäuser zu füllen, andere tranken ihren Tee zu Hause oder am Arbeitsplatz. Im Hause wurde der Tee der Sitte entsprechend zuerst den Großeltern gereicht, in Läden oder Werkstätten dem Besitzer oder Leiter. Dann folgten die übrige Familie oder die Gesellen und Lehrlinge in der Reihenfolge ihres Alters. Im weiteren Verlauf des Tages trank dann jeder Tee, wenn es ihn danach verlangte. Bekannte, die sich am Morgen trafen, pflegten sich selten mit «Guten Morgen» zu begrüßen, sondern mit der Frage: «Haben Sie schon Tee getrunken?»

Es gab Pekinger Teehäuser, in denen es wirklich nichts anderes gab als Tee, abgesehen von kleinen Tellern mit gesalzenen Melonenkernen oder Erdnüssen, um den Durst anzuregen. Andere servierten leichte Snacks. In Teehäusern mit mehr als einem Stockwerk wurden die Kunden in den oberen Etagen, wo man für eine Kanne Tee etwas mehr bezahlte, am Abend von Mädchen unterhalten, die mit durchdringend hoher Stimme alte Geschichten vortrugen, wobei sie dramatisch umherstolzierten und mit Handtrommeln und Klappern den Rhythmus schlugen. Währenddessen watschelte eine alte Frau auf «goldenen Lilien» (winzigen eingebundenen Füßen) mit einem beschrifteten Fächer in der Hand von Tisch zu Tisch.

Auf der einen Seite waren die Geschichten aufgeführt, die die Mädchen vortrugen, auf der anderen die Namen der Sängerinnen – für den Fall, daß ein Kunde eines der Mädchen näher kennenlernen wollte, statt nur ihrem Rezitativ zu lauschen. Selbst unter diesen Verhältnissen ging die Hauptfunktion der Teestuben niemals verloren, nämlich frisch aufgegossenen Tee auszuschenken, weshalb die Atmosphäre mich nie an die jener abscheulichen «Teegärten» in Tientsin erinnerte. In jenen Tagen wurde in Peking, bis kurz davor Sitz eines so erhabenen Wesens wie des Sohnes des Himmels, die Höflichkeit, die Eleganz und der Charme des alten China noch in Ehren gehalten. Das Bedienungspersonal in den Teestuben und Teeläden wie deren Kunden waren zumeist überaus freundlich und zuvorkommend.

Wann immer ich einen Souvenirladen oder ein anderes Geschäft betrat, das etwa Seide oder Brokat verkaufte, wurde ich von blaugekleideten Lehrlingen mit Willkommensrufen dienernd ins Innere geleitet. Dann reichte man guten Tee und importierte Zigaretten. Später geleitete man mich (ob ich etwas gekauft hatte oder nicht) genauso dienernd hinaus, mit der liebenswürdigen Aufforderung: «Bitte lassen Sie sich herab, uns bald wieder zu beehren.»

In den großartigen Parkanlagen, etwa den ehemaligen Palastgärten, gab es unzählige Teehäuser mit vielfarbigen Dächern, lackierten Galerien und Pavillons inmitten hundertjähriger Kiefern und Zedern. Hier und da sah man Porzellanbekken mit Goldfischen, von denen es über einhundert Arten gegeben haben soll. Andere Teehäuser waren von Obstbäumen oder riesigen Beeten voller Pfingstrosen umgeben, und man genoß, je nach Jahreszeit, den Anblick der Blüten, des bunten Herbstlaubs oder des Schnees.

Besonders berühmt war der hohe Pavillon zur Grünen Wolke auf dem Gelände des Tempels von Kuan-Yin. Seine Eleganz erinnerte an die vergangenen Zeiten kaiserlicher Prinzen und gelehrter Staatsmänner. Zu seinen auserwählten Tees gehörte auch die «Eiserne Göttin der Barmherzigkeit» (T'ieh-Kuan-Yin), ein Tee, der die lange Reise von den Wu-I-Bergen der Provinz Fukien hinter sich hatte. Es war ein besonderer Genuß, diesen köstlichen Tee im elegant möblierten oberen Stockwerk zu trinken, das den seltsamen Namen «Jade-Teekanne im Frühling» trug.

Im Gegensatz zu solch aristokratischer Eleganz erlebte man in den Teehäusern des Vergnügungsviertels der Stadt, bekannt unter dem Namen Himmlische Brücke, Vorführungen von trommelnden Geschichtenerzählerinnen, Zauberern und Taschenspielern oder Akrobaten. Hier konnte man unter eher einfachen Teesorten wählen, aber auch eigene Teeblätter mitbringen und nur das Aufgießen bezahlen. Favorit war ein billiger, aber ungewöhnlicher Tee, eine Mischung aus Resten der Herstellung vieler Sorten feinen Tees.

Der Südosten

Aus den südöstlichen Provinzen Chinas, Kiangsu, Chekiang und Fukien, kommen nicht nur die feinsten Teesorten, sondern man fand dort auch die attraktivsten Teehäuser (vielleicht existieren sie heute noch), denn dort gibt es Bergquellen und Teeplantagen in Hülle und Fülle. Schon in alten Zeiten hatten Kiangsu und Chekiang den Norden in jeder Hinsicht überflügelt. In Nordchina (Peking ausgenommen) waren immer wieder fremde Stämme von jenseits der Großen Mauer eingefallen, die zwischendurch im Gebiet des Gelben Flußes unabhängige Dynastien errichteten, so daß sich hier ein kultureller Niedergang anbahnte. Diese Eindringlinge haben das Land zweimal unterworfen und ihm die Dynastien Yüan (mongolisch) und Ch'ing (Manchu) aufgezwungen.

Ich habe niemals ein Teehaus in Nanking besucht, der Hauptstadt von Marschall Chiang Kai-shek während des größten Teils der 1930er Jahre. Doch liegt mir ein amüsanter Bericht meines Tee-Bruders Yü-Lü über die Situation dort vor. Danach haben die Teehäuser in Nanking, ob sie nun Tee allein oder Tee mit Snacks anboten, ziemlich mittelmäßigen Tee serviert. Daneben gab es Hunderte von kleinen Läden, die Tag und Nacht offen waren, von denen jeder über einen sogenannten Teeofen verfügte, aber nur Wasser ausschenkte, kochend, warm oder kalt. Zwar herrschte dort den ganzen Tag über reger Betrieb; in den frühen Morgenstunden jedoch waren diese Läden gerammelt voll. Wollte jemand wirklich Tee trinken, so mußte er schon seine eigenen Teeblätter und seinen Teetopf mitbringen, den Tee selbst aufbrühen und – nach dem Hinterlegen einer Kupfermünze – im Eiltempo Platz machen, für den nächsten, der in einer Schlange hinter ihm wartete. Da gab es Hausfrauen, die zu faul oder nicht imstande waren, zu Hause ein Feuer anzuzünden; sie kamen manchmal mit riesigen Gefäßen, um für eine Kupfermünze heißes Wasser für den Tee oder einen sonstigen Zweck zu kaufen oder an Ort und Stelle Gesicht und Füße zu waschen. Draußen vor der Tür sah man wahre Menschenmassen, Städter und gerade vom Land eingetroffene Bauern, in der Hocke sitzend, sich waschen, rasieren oder den aus mitgebrachten Blättern selbstbereiteten Tee trinken. Offensichtlich entsprachen diese «Teeöfen» ohne Teeausschank einem weitverbreiteten Bedürfnis.

In alten Großstädten wie Yangchow, Soochow und Hangchow gab es Teehäuser, die wegen ihrer Kultur und der Schönheit des weiblichen Bedienungspersonals berühmt waren. Teehäuser in Yangchow und Soochow waren geschmackvoll ausgestattete ein- oder zweistöckige Gebäude, oft von einem Garten umgeben. Das in Yangchow bot den Ausblick auf einen See, während das in Soochow über ein Labyrinth von malerischen Wasserwegen verfügte. Jedenfalls schaute man in beiden Städten von den Teehäusern aus auf reichgeschmückte Boote, die an von Bambus und Weiden umsäumten Ufern vorbeiglitten. Für den Preis einer Kanne Tee konnte man dort stundenlang die malerische Wasserlandschaft und eine kühle Brise genießen. Für Gäste, denen dies nicht genügte, gab es separate Räume mit Sängerinnen und Geschichtenerzählern.

Hangchow, eine andere an einem See gelegene Großstadt, besaß einige der besten Teehäuser in ganz China. Die dort servierten mattgrünen Tees stammten aus der unmittelbaren Umgebung und waren daher köstlich frisch. Längs der Wege, die von der Stadt zu Quellen, Tempeln und malerischen Landschaften führten, stand ein ländliches Teehaus neben dem anderen. Die Teehäuser auf den Berghängen waren jahrhundertelang im Besitz buddhistischer Mönche gewesen – was es anderswo selten gab. Zu Beginn des Frühlings kamen die Teeliebhaber in großer Zahl, um den Pflückerinnen bei ihrer Arbeit an den Berghängen zuzuschauen. Nicht weit von der Stadt liegt die Quelle der Laufenden Tiger auf dem Grund und Boden eines noch aus der T'ang-Ära stammenden Klosters. Ihr Wasser gilt als die vollkommene Grundlage für den köstlichen Lung-Chin (Drachenbrunnentee), der gleich daneben wächst. Eine Tasse Lung-Chin-Tee aus dem Wasser dieses Brunnens zu trinken ist der Traum eines jeden chinesischen Teeliebhabers. Um meinen Tee-Bruder Lin zu zitieren: «Wahrlich, glücklich sind die Teefreunde, die die Möglichkeit haben, Hangchow zu besuchen.»

Die zentralchinesischen Provinzen

Mehrere hundert Meilen südwestlich von Hangchow liegt die Provinz Kiangsu, die wegen ihrer Ching-Tê-Tongruben und der dort hergestellten exquisiten Teetassen aus Porzellan bekannt ist; letztere sollten im Idealfall zusammen mit I-Hsing-Teekannen verwendet werden. Darüber hinaus war Kiangsu über ein Jahrtausend lang der Sitz des Himmlischen Meisters (manchmal auch «Taoisten-Papst» genannt), der auf dem Drachen-und-Tiger-Gebirge wohnte. Der letzte, der diesen Titel führte, floh beim Vorrücken der Roten Armee nach Taiwan. Die taoistischen Einsiedler auf diesen Bergen liebten Tee, waren jedoch stets knapp bei Kasse. Kehrten sie in ein Teehaus ein, dann pflegten sie das Geld für ihren Tee durch das Singen taoistischer Lieder zu verdienen, wozu sie Handtrommeln aus ausgehöhlten Bambusstücken mit darübergespannter Schweinehaut schlugen. Eines dieser Lieder lautet:

Sieh den alten Priester in seinem uralten Tempel.
Er unterhält selbst das Räucherwerk, schlägt selbst die
 Trommel.
Die Opfergaben sind Kräuter und Wurzeln aus den Bergen.
Die Sonne versinkt gelb hinter den Kiefern,
Des Herbsthimmels Sterne scheinen durch Löcher in den
 Wänden.
Warum sollt' er die Mühe sich machen, die Falltür zu
 schließen?
Stockdunkel ist es im Raum. Ruhig sitzt er da,
Auf einer zerschlissenen Matte aus Stroh, in Samādhi
 versunken.
Dann bereitet er im rötlichen Licht des Öfchens
Seinen Mitternachtstee.

Ein anderes taoistisches Lied, das Chang T'ieh Chün in einem Teehaus in Kiangsu hörte, besingt die drei wichtigsten Elemente der Tee-Kunst – feinen Tee, reines Wasser und schöne Keramik. (Kaninchenfell ist die Bezeichnung für ein Design, das in alten Zeiten für Tee-Utensilien verwendet wurde.)

Ich hatte Tee geschlürft aus einem Kaninchenfell-*chien*,
Ein köstlicher Geschmack blieb an meinem Gaumen zurück.
Wahrlich, ein Kessel voller Schnee hätte mehr Genuß bereitet,

Doch den Höhepunkt der Verfeinerung bestimmt immer
Das Werk des Töpfers.

Viele Schriftsteller haben betont, wie sehr die Lieder der «Wolken-Wanderer» es vermochten, eine Atmosphäre hervorzurufen, die dem Geist des Tees auf schöne Weise angemessen ist. Westlich von Kiangsu liegt die Provinz Hunan, in der alles, was mit Essen und Trinken zusammenhängt, erstaunliche Dimensionen hatte – schwere Tische, derbe Sitzbänke, übergroße Reisschalen und Eßstäbchen so lang, daß man glauben mußte, sie seien dazu bestimmt, das Essen dem gegenübersitzenden Gast in den Mund zu schieben statt in den eigenen. Selbstverständlich wurde auch der Tee in riesigen Schalen gereicht, was die Bewohner jener Gegend keinesfalls daran hinderte, mehrere Schalen in rascher Folge zu trinken.

Ich verbrachte in dieser Provinz eine Nacht auf dem heiligen Berg Nan Yeo in einem taoistischen Kloster nahe dem Pfad, der zum Gipfel führt. Vor dem Klostertor gab es einen Ausschank für Tee, der für durstige Pilger bestimmt war. Da die Eremiten im Refektorium guten Tee servierten, war es mir gar nicht eingefallen, diesen Ausschank zu besuchen – bis ich auf einmal bemerkte, daß die großen Teeschalen, die man Pilgern vorsetzte, eine seltsame rötliche Flüssigkeit enthielten, auf deren Oberfläche feste Stücke schwammen. Jetzt weiß ich, daß dies eine Spezialität aus Hunan ist. Die Teeblätter waren zusammen mit «Fünffacher-Geschmack-Bohnen» aufgebrüht worden, das heißt mit Bohnen, die mit süßen, salzigen, sauren, bitteren und beißenden Ingredienzen getränkt waren. Obwohl dieser Tee für meinen Geschmack eigentlich ungenießbar war, verlangte es die Höflichkeit, daß ich zwei Schalen davon hinunterbrachte. Es war immerhin eine interessante Erfahrung, hatte ich doch nun zumindest eine Ahnung davon, wie die einfacheren Teesorten in der T'ang-Ära geschmeckt hatten, als in dem für den Tee bestimmten Wasser alle möglichen Gemüse mitgekocht wurden.

Westlich von Hunan liegt die Provinz Kweichow. Es ergab sich, daß ich dorthin eingeladen wurde, und zwar zusammen mit einem Dozenten für Griechisch an der Universität Oxford. Wir sollten eine Universität besuchen, die wegen der japanischen Besetzung hierher verlegt worden war. Unsere Gastgeber setzten uns ein üppiges Mahl vor und drängten uns, einen Becher nach dem anderen von dem hochprozentigen *maotai*-Schnaps zu trinken, der in dieser Gegend destilliert wurde. Als wir uns einige Stunden später mit schwerem Kopf verabschiedeten, führte ich den Professor zu einem Teehaus. Einige Schalen starken chinesischen Tees sollten den Alkoholdunst vertreiben. Da ich damals alles andere als nüchtern war, hatte ich keinen Blick für die Besonderheiten des einzigen Kweichow-Teehauses, das ich besuchte, bevor ich in die Nachbarprovinz weiterreiste. Aber der Teebuchautor Chang T'ieh-Chün, der aus dieser Provinz stammt, beschreibt dieses Teehaus geradezu liebevoll. Er erinnert an die Redewendung, daß schönes Wetter in Kweichow niemals drei Tage anhält und ebener Grund nie länger als eine Meile ist, und führt dann weiter aus, daß die dortigen Bewohner zu arm waren, um den ganzen Tag im Teehaus zu vertrödeln, das sich daher selten vor Sonnenuntergang füllte. Der Tee wurde in kleinen, mit Deckeln versehenen Schalen aufgegossen, aus denen man auch trank; dazu wurden gesalzene Malvenkerne oder Popcorn verzehrt. Die Atmosphäre dort soll außerordentlich freundlich gewesen sein. Wenn Kinder hereinkamen, um den Geschichtenerzählern zu lauschen, verlangte man von ihnen selten Geld für eine Schale Tee.

Die Provinz Szechwan

Diese riesige «Provinz der Vier Flüsse» nimmt einen großen Teil des westlichen Chinas ein und pflegte in Zeiten politischer Wirren als unabhängiger Staat zu existieren. Früher war sie fast nur durch eine Fahrt den Jangtsekiang hinauf zu erreichen. Infolge dieser Abgeschiedenheit gab es dort mehr als in anderen Provinzen tyrannische Beamte und dementsprechend Geheimbünde, Schmuggler, Vagabunden und Flußpiraten – ein Zustand, der sich auch in der Zusammensetzung der Gäste in den Teehäusern widerspiegelte. Die alte Redewendung, «Im Jangtsekiang ist Wasser, auf dem Mêng-Shan-Gipfel Tee», erinnert daran, daß diese Provinz über guten Tee und gutes Wasser verfügt, so daß Teeliebhaber sich zu allen Zeiten von ihr angezogen fühlten.

Es gab dort Teehäuser mit Platz für Hunderte von Gästen. Man saß an langen Tischen mit Bänken zu beiden Seiten. Außer Kaufleuten, Ladeninhabern, Handwerkern und sonstigen harmlosen Bürgern gehörten zur Kundschaft Schmuggler, Schwarzmarkthändler und Mitglieder von Geheimbünden. Und sicher diente es dem eigenen Schutz, daß diese Häuser ihr Bedienungspersonal aus jugendlichen Mitgliedern der Geheimbünde rekrutierten. Diese jungen Leute waren bei der Arbeit sehr gewandt und freundlich, liebten es jedoch, sich der Ganovensprache oder zweideutiger Ausdrücke zu bedienen oder als Antwort auf Bestellungen witzige Couplets zu singen. Wenn abgerissen gekleidete Gäste beim Präsentieren der Rechnung verlegen dreinschauten, sang der junge Kellner vielleicht: «Für diesen Tee von jenseits des Flußes, erwarten wir keine Bezahlung des Genusses», oder: «Wir werden es auf wogenden Wellen anschreiben.» Ein ungewöhnlich großzügiges Trinkgeld konnte einen mehrstimmigen Chor – «Pfirsichblüten im Sommer! Da-a-a-anke!» – auslösen.

Ihre Gewandtheit ging manchmal so weit, daß sie dem Gast die von ihm bevorzugte Teesorte oder eine neue Füllung für seine Tabakspfeife brachten, ehe er noch seine Bestellung aufgegeben hatte. Einer der Burschen pflegte sich mit einem großen Kessel durch die Menge zu schlängeln und das kochende Wasser von oben in die Teeschale des Gastes zu gießen, ohne dabei einen Tropfen zu verschütten. Bestellungen für Snacks wurden in Form einfallsreicher Couplets durch den Raum gerufen, unverständlich für Neulinge. Wenn die gewünschte Speise dann serviert wurde, stimmte alles bis ins letzte Detail.

Es wurde auch Unterhaltung geboten; kleine Mädchen sangen und begleiteten sich dabei auf Bambustrommeln, an denen Schnüre mit Münzen hingen, die ein fröhliches Geklingel ertönen ließen. Trotz der aufmerksamen Bedienung und der Unterhaltung war der Preis für den wirklich auserlesenen Tee bescheiden.

Der ferne Süden

Schon früh gab es auch in Hongkong Teehäuser im kantonesischen Stil, und heute findet man überall in der Welt die chinesischen Restaurants, die nicht nur Tee, sondern zur Lunchzeit auch Snacks im Teehausstil anbieten.

Traditionell wurden Tee und *dimsum* zum Frühstück serviert. Die Kantonesen pflegten früh aufzustehen, sich schnell anzukleiden und schnurstracks zum nächsten Teehaus zu eilen. Als ich seinerzeit dort war, müssen in Kanton Tausende dieser Restaurants existiert haben. Sie besaßen mehrere Stockwerke und waren mit Möbeln aus poliertem Schwarzholz ausgestattet, deren Tischplatten aus dem schön gekörnten Ta-Li-Marmor bestanden. Von Stockwerk zu Stockwerk wurden höhere Preise verlangt, so daß im obersten die wohlhabenden Kunden saßen. Besitzer von Ziervögeln trafen, den Käfig in der Hand, gewöhnlich schon eine Stunde vor der Morgendämmerung ein; denn es war Sitte, die Vögel dann an die frische Luft zu bringen, wenn der *ch'i* (die Lebenskraft) am reinsten war. Man konnte unter mindestens sechs Sorten Tee wählen. Er wurde in Schalen mit Deckeln *(chung)* aufgebrüht, aus denen man ihn in kleinere Tassen ohne Henkel goß.

Die Snacks wurden damals von nur mit Unterhemd und

Unterhose bekleideten Knaben serviert, und zwar auf Tabletts, die an einem Riemen um den Nacken hingen. (Die heutige Sitte, daß hübsche Mädchen Servierkarren durch den Raum schieben, gab es damals noch nicht.) Denn zu jener Zeit frühstückte man im Teehaus, um Tee zu trinken und einige Leckerbissen zu essen, deren Auswahl von Tag zu Tag wechselte, und nicht, um hübsche Mädchen anzustarren. *Dimsum* war gewöhnlich von sechs Uhr früh bis zur Mittagszeit zu haben – also zu Stunden, in denen sich romantische Gefühle normalerweise nicht gerade aufdrängen. Nach der Lunchzeit servierte man nur Tee und Süßigkeiten; in den Abendstunden jedoch traten oft Musikanten und Sängerinnen auf, und man sah elegante Damen mit hochgeschlossenen, bis zu den Fersen reichenden Gewändern.

In den oberen Räumen pflegten in lange Seidengewänder gekleidete Kunden sich Luft zuzufächeln. Die Gäste in den unteren Stockwerken dagegen trugen billige Jacken und Hosen aus schwarzer Seidengaze, die infolge einer besonderen Appretur kühl, aber nicht durchlässig ist. Ohne auf gesittetes Benehmen zu achten, saßen sie oft mit angezogenen Beinen auf ihren Hockern, das Kinn auf die Knie gestützt. Obwohl die Chinesen schon seit zwölfhundert Jahren Stühle benutzen, schien diese von den unteren Klassen praktizierte Körperhaltung eine Sehnsucht nach den in alten Zeiten üblichen Sitzkissen auszudrükken.

Die kantonesischen Teehäuser machten Bombengeschäfte. Da die Bedienung keine Zeit hatte, jedesmal zum Tisch des Kassieres zu gehen, verzichtete man auf Rechnungen. Erhob eine Gruppe von Gästen sich zum Gehen, pflegte ein Kellner die leeren Teeschalen und Snackteller auf dem Tisch zusammenzuzählen, die Summe rasch im Kopf zu addieren und dann die Rechnung dem Kassierer zuzurufen, wobei ein spezieller Teehaus-Code benutzt wurde, etwa «Eine Wo-o-o-che», was sieben, oder «Acht Pfe-e-e-rde», was acht Cent bedeutete.

Kantonesische Snacks sind für meine Begriffe die köstlichsten

Leckerbissen, die jemals erdacht wurden. Leider sind die Kantonesen so sehr aufs Essen versessen, daß der Qualität des Tees weniger Beachtung geschenkt wird. Bis zum heutigen Tage findet man in Hongkong Gäste beim Abendessen, die teuren französischen Cognac glasweise in sich hineinschütten, so, als würden sie diese Unterbrechung des Essens bedauern. Die kontemplative Stimmung, in der man feinen Tee schlürft, ist nichts für diese Leute.

Ein Ausblick

Während meiner jüngsten Reise nach Kanton, das seit meinem letzten Besuch davor mehrere Jahrzehnte kommunistischer Regierung erlebt hatte, sah ich kein einziges Teehaus mehr. In weniger als fünfunddreißig Jahren hat sich der Lebensstil des chinesischen Volkes, der zuvor über Jahrhunderte hinweg nahezu gleichgeblieben war, so verändert, daß er nicht wiederzuerkennen ist. Zweifellos wurden inzwischen einige Mißstände wieder beseitigt, doch stimmt es traurig zu sehen, wie monoton das Alltagsleben geworden ist. In der guten alten Zeit waren zwar die besten Tees für viele Leute zu teuer, doch konnten sich selbst arme Leute den Besuch einfacher Teehäuser leisten. Daß es diese heute selten oder an vielen Orten überhaupt nicht mehr gibt, zeugt von der offiziellen Mißbilligung unproduktiver Muße. Da die Regierung begonnen hat, einen Teil dieser Politik zu revidieren, besteht eine Chance, daß irgendwann einmal Teehäuser wieder zum städtischen Lebensstil gehören werden.

Vor einiger Zeit berichtete die *Washington Post*, das Teehaus zur Roten Laterne in Chengtu, der Hauptstadt der Provinz Szechwan, erfreue seine Kunden wieder mit Geschichtenerzählern nach alter Tradition. Für einen Eintrittspreis von sieben Cent erhält der Gast eine Schale Jasmintee und wird mit dramatischen Geschichten aus der Vergangenheit unterhalten. Der siebzigjährige Geschichtenerzähler, der nach Jahrzehnten, in denen seine Tätigkeit als «Propaganda für den Feudalismus» verfolgt wurde, wieder seinem Beruf nachgeht, verfügt über ein Repertoire, auf das er stolz sein kann. Da er den größten Teil von zehn verschiedenen Epen im Gedächtnis gespeichert hat, ist er buchstäblich mit Hunderten von Geschichten vertraut. Das Erzählen jedes Epos nimmt drei Monate in Anspruch, wenn jeden Abend zwei Stunden lang erzählt wird. Er entledigt sich dieser Aufgabe mit viel Geschick, ahmt die Stimmen von Männern und Frauen nach, hohe und tiefe, junge und alte, und verfügt über ein breites mimisches Spektrum.

6 ZEHNTAUSEND TEES

Einführung

Im Chinesischen bedeutet «zehntausend» eine große, nicht genau bestimmbare Zahl. Niemand hat jemals alle Tees in China listenmäßig erfaßt, die der Vergangenheit und die der Gegenwart, denn selbst in moderner Zeit werden Tees ganz unsystematisch aufgrund sehr unterschiedlicher Faktoren benannt, etwa nach der Erntezeit, der natürlichen Form und Farbe der Blätter, nach Färbung und äußerem Erscheinungsbild, nach der Verarbeitung, dem Ursprungsort, aufgrund von poetischer Einbildungskraft, Bezügen zur Legende oder Geschichte, nach Marketing-Grundsätzen, persönlicher Laune und so weiter.

Von den chinesischen Tees, die heute nach und nach in größerer Zahl außerhalb Chinas zu haben sind, gehören fast alle zu einer der folgenden Kategorien: *grün* (unfermentiert); *Oolong* (halb fermentiert); *rot* (ganz fermentiert und in Europa als «schwarzer Tee» benannt); *weiß* (ist heute bis auf wenige Sorten von P'u-Êrh-Tee selten) sowie einige Tees minderer Qualität, die erst durch die Verarbeitung weiß werden. Dazu kommt in einigen Teilen der Welt *Ziegeltee* (gewöhnlich aus rotem Tee, manchmal aber auch aus einer der anderen Sorten hergestellt). Blütentees können aus jeder der obengenannten Arten hergestellt werden, weshalb sie hier nicht eigens aufgeführt werden. Die Qualität des Tees hängt von vielen Faktoren ab, vor allem jedoch von Natur und Standort der

Teesträucher und Bäume, von denen er gepflückt wird. Die erwähnten Kategorien beziehen sich sämtlich auf die Verarbeitung; theoretisch können alle diese Tees aus jeder beliebigen Sorte frischer Teeblätter hergestellt werden.

Gewöhnlich läßt sich ein Tee aufgrund seines Namens der allgemeinen Kategorie zuordnen, zu der er gehört. So ist etwa der Drachenbrunnentee unweigerlich grün, und die «Eiserne Göttin der Barmherzigkeit» bezeichnet stets einen teilweise fermentierten Tee, während Ch'i-Mên (Keemun) ganz gewiß ein «roter» (schwarzer) Tee ist. Die meisten Teenamen geben jedoch keinen Hinweis darauf, ob das Produkt grün oder halb fermentiert ist. Alle in diesem Buch aufgeführten Tees sind, wenn sie nicht ausdrücklich als rote (schwarze) Tees bezeichnet werden, entweder halb fermentiert oder grün. Teetrinker, die nur an schwarze Tees gewöhnt sind, pflegen den grünen und halb fermentierten Sorten Unrecht zu tun – finden sie wahrscheinlich ungenießbar –, wenn sie sie mit Milch, Zitrone, Zucker oder sonst etwas verfälschen.

Der Geschmack für wirklich feinen Tee muß kultiviert werden. Wer einen berühmten Tee anfangs enttäuschend findet, sollte daran denken, daß die Liebhaber von Wein, Bier, Käse, Tabak und dergleichen diese Genußmittel selten gleich beim ersten Kennenlernen zu schätzen wußten oder sie bezüglich ihrer Qualität von anderen unterscheiden konnten.

Im allgemeinen gehen einem Teenamen einige Worte voraus, die auf die Zeit der Ernte hinweisen. Das ist von großer Wichtigkeit, denn die feinsten Teeblätter werden vor dem Fest des Klaren Lichts gepflückt, das in den späten März oder frühen April fällt; die Blätter sind dann winzig und duften wunderbar. Die zweitbeste Sorte wird vor diesem Fest und dem Einsetzen der Frühjahrsregen geerntet, während die Blätter noch klein und zart sind. Deshalb begnügen sich Teeliebhaber, die sich die besten Sorten leisten können, nicht mit einem sehr guten Namen wie «Drachenbrunnentee», sie schauen vielmehr auf die chinesischen Schriftzeichen vor dem Namen, um herauszufinden, ob die Blätter «vor dem Licht» oder zumindest «vor dem Regen» geerntet wurden. Käufer, die nach billigeren Sorten eines berühmten Tees fragen, geben sich mit solchen zufrieden, bei denen sie die Bemerkung «nach den Regenfällen» finden, was darauf hinweist, daß die Blätter größer und weniger zart sind. Leider wird bei vielen der erstklassigen Tees, die heute auf dem Markt sind, die Zeit der Ernte nicht auf der Verpackung angegeben, so daß sich der Käufer nach den Preisunterschieden bei den verschiedenen Sorten der von ihm gewünschten Marke richten muß.

Eine andere Möglichkeit, Tee zu klassifizieren, liefert seine Struktur nach der Verarbeitung. Es gibt folgende Kategorien:

1. *Lose-Blatt-Tee* ist in der heutigen Zeit die allgemeinste Kategorie. Sie wird in fünf Unterkategorien unterteilt: (1) *kleines Blatt* (gewöhnlich von ausgezeichneter Qualität, jedoch nicht immer); (2) *gebrochenes Blatt* (von ausgezeichnet bis schlecht); (3) *großes Blatt* (der gut sein kann, aber selten ausgezeichnet); (4) *fannings* (zusammengekehrter Abfall) und (5) *Staub*. Kein Kenner würde den beiden letztgenannten Qualitäten jemals auch nur die geringste Beachtung schenken. Gegen Teebeutel ist an sich nichts zu sagen. Tatsache ist jedoch, daß viele von ihnen *fannings* oder Staub von Teeblättern enthalten, also die schlechtesten und billigsten Formen von Lose-Blatt-Tee. Ich persönlich weigere mich, Teebeutel zu verwenden, es sei denn, ich bin absolut überzeugt, daß sie keinen Abfall oder Staub enthalten – die wertlosen Reste, die bei der Verarbeitung übrigbleiben.

2. *Teepaste,* eine archaische und heute kaum noch anzu-

treffende Form, ausgenommen eine medizinische Sorte des P'u-Êrh-Tees.
3. *Teepulver*, wird in Japan heute noch für die Tee-Zeremonie verwendet.
4. *Teekuchen*, hergestellt aus Teepaste. In alter Zeit die üblichste Form, heute jedoch selten anzutreffen, ausgenommen die als Ziegeltee bekannte Art.
5. *Ziegeltee*, längliche Blocks von stark gepreßten Teeblättern, gewöhnlich rot (schwarz). Immer noch in Zentralasien und einigen anderen Gebieten weit verbreitet. In Europa oder Amerika findet man ihn jedoch selten.

Grüne Tees

Lung-Ching (Drachenbrunnen)

Viele chinesische Teekenner bestätigen, daß die Spitzensorten dieses Tees hinsichtlich Farbe, Aroma und Geschmack in der Welt nicht ihresgleichen finden. Dieser Tee wird in der Provinz Chekiang nahe dem bei Hangchow gelegenen malerischen West-See erzeugt. Er wächst auf mehreren Gipfeln der T'ieh-Mu-Bergkette. Inzwischen wird er zunehmend in chinesischen Läden Europas und der Vereinigten Staaten verkauft, doch sind die feinsten Sorten sehr teuer und außerhalb von China und Hongkong wohl auch schwer erhältlich. Die Blätter werden vor dem Fest des Klaren Lichts oder zumindest vor den Regengüssen des Frühlings gepflückt. Die erlesenste Sorte stammt von einem Teil des Berges «Löwengipfel» und wird gepflückt, bevor irgendeine Knospe mehr als nur ein einziges Blatt entwickelt hat. Ihr Duft ist so zart, daß die Blätter mit besonderem Geschick verpackt oder in vollständig luftdicht verschlossenen Dosen aufbewahrt werden müssen: Die Berührung mit der Luft würde Aroma und Geschmack schnell zerstören. Beim Zubereiten von grünem und halbgrünem Tee sollte die Temperatur des Wassers einige Grade unter dem Siedepunkt liegen. Die Tee-Utensilien müssen vor jedweden Gerüchen geschützt werden. Zu langes Eintauchen der Blätter macht den Aufguß bitter, zu kurzes läßt ihn ungenießbar werden.

Einer Legende zufolge glaubte ein Taoist um das Jahr 250 n. Chr., in einer Quelle unweit Hangchow hause ein Drache. Da die Bauern seit langem um Regen gebetet hatten, flehte er den Drachen an, ihnen zu helfen. Und schon zogen von allen Seiten Wolken auf und brachten die ersehnten Regengüsse. Aufgrund dieser Erzählung gab man einem alten Tempel neben der Quelle den Namen Kloster zum Drachenbrunnen. Der dort wachsende Tee leitet seinen Namen von derselben Legende ab.

In einer anderen Geschichte heißt es, in unmittelbarer Nähe der Quelle habe eine arme Witwe gelebt, der ein paar Teebäume gehörten. Aus deren Blättern bereitete sie Tee für die Bauern, die in der Nachbarschaft Tee ernteten. Eines Tages hörte ein reicher Kaufmann von ihrer Hilfsbereitschaft und sagte: «Eine so gütige Frau verdient es, wohlhabend zu sein.» Sie antwortete lächelnd: «Ich habe ja schon das große Glück, nicht verhungern zu müssen.» Der Kaufmann schaute sich bei ihr ein wenig um. Dabei fiel ihm ein großer steinerner Trog auf, in dem sich im Laufe der Zeit viele Teeblätter angesammelt hatten. «Wollt Ihr mir den Trog verkaufen?» fragte er. «Ich lasse ihn dann morgen abtransportieren.» Sie nahm das angebotene Geld, und am folgenden Morgen kam der Kaufmann mit einigen Arbeitern, um den Trog zu holen. Zu seiner Überraschung war der Trog geleert und gesäubert. «Ich habe ihn für Euch schön gemacht», sagte die alte Frau. «Die vielen Blätter kamen mir gerade recht, um meine Teebäume zu düngen.» Der Himmel belohnte ihre Großherzigkeit, indem er diese Blätter mit wundersamen Eigenschaften versah. Denn nicht lange danach brachten ihre achtzehn Teebäume jadegrüne Blätter hervor, wie man sie nie zuvor gesehen hatte. Das war, dieser anderen Erzählung zufolge, der Ursprung des Drachenbrunnentees. Es heißt noch, die alte Frau sei dadurch zu Wohlstand gekommen.

Wer diese Teesorte gut kennt, wird bestätigen, daß der aus diesen Blättern aufbereitete Tee seine größte Vollkommenheit erreicht, wenn er mit klarem Wasser aus der Quelle «Laufende Tiger» aufgegossen wird, die auf «wundersame» Weise in der Nähe eines Tempels unweit der Teeplantage sprudelt. Während der Herrschaft des T'ang-Kaisers Yüan Ho (806–821) litten die Menschen in Hangchow wieder einmal unter einer furchtbaren Dürre und beteten vergeblich zu den Göttern um Regen. Eines Tages sah der Abt Hsin K'ung drei Tiger aus dem nahe gelegenen Wald hervorbrechen und auf dem Tempelgelände hin und her laufen. Plötzlich begann Wasser aus dem Boden zu quellen, den ihre Tatzen berührten. Seit diesem Tage ist die Quelle nie mehr versiegt. Ihr Wasser ist wunderbar klar, und wenn man davon Drachenbrunnentee aufbrüht, sieht der Aufguß wie flüssige Jade aus und verbreitet einen köstlichen Duft, der am Gaumen haftenbleibt. Jahrhunderte später, während der Ming-Zeit, meinte ein Besucher: «Mit *solchem* Tee und *solchem* Wasser als Gefährten würde ich hier gerne als Mönch leben.»

Die benachbarten Teeplantagen haben weißen, sandigen Boden, und das Klima ist für den Teeanbau ideal. Daher ist auch der gesamte dort erzeugte Tee von hervorragender Qualität. Die anderen lokalen Teesorten sind dem Drachenbrunnentee hinsichtlich Geschmack und Aussehen so ähnlich, daß es selbst Experten schwerfällt, Unterschiede zu entdecken. Man sagt jedoch, daß die feinsten Blätter des Drachenbrunnentees vom Löwengipfel dem Wasser beim Aufgießen für ein bis zwei Minuten eine leichte Orangefärbung geben, bevor es jadegrün wird, ein Grün, daß niemals trübe oder gelblich wird, wieviel Zeit auch vergeht.

Heute, da so viele chinesische Teehäuser verschwunden sind, ist es gut zu wissen, daß dasjenige neben der Quelle «Laufende Tiger» immer noch floriert und daß man den Besuchern dort einen qualitativ hochwertigen Tee vorsetzt, der mit diesem unvergleichlichen Wasser aufgegossen wird.

Sonstige grüne Tees

Von den vielen grünen Tees sind die folgenden besonders beachtenswert:

Shih-Fêng (Löwengipfel).
Pai-Yün (Weiße Wolke). Hierbei handelt es sich um Abarten des Drachenbrunnentees oder um Sorten, die diesem sehr ähnlich sind.
Pao-Yün (Mit Juwelen besetzte Wolke).
Shou-Mei (Augenbrauen eines alten Mannes). Dieser Tee wird in der Sonne getrocknet und nur minimal bearbeitet, so daß er in bezug auf Farbe und Aroma frischen Blättern so nahe wie möglich kommt.
Tz'ê-Sun (Purpurfarbene Knospe).
Hsieh-Tou (Schneeschlucht).
Jin-Chu (Von der Sonne beschienen, von der Sonne durchtränkt).

Der zuletzt genannte Tee war früher so kostbar, daß er in vielen Teebüchern lobend erwähnt wird. Er wird auf den Gipfeln des Bezirks Shao-Hsing erzeugt, wo das Wetter sonniger ist als in den meisten anderen Anbaugebieten. Die langen Blätter sind weiß und zart, der Aufguß ist süß und hat Körper. Dieser Tee war schon in der Sung-Ära sehr beliebt. Gegen Ende der Ming-Dynastie wurde er unter dem Namen *La-Hsüeh* (Schnee im Obstgarten) bekannt, woran sich die folgende Geschichte knüpft.

Der Gelehrte Chang Yo, dem der Tee diesen malerischen Namen verdankt, war Beamter unter einem Ming-Kaiser und Zeuge des Sturzes dieser Dynastie durch die Manchus. Er war damals achtundachtzig Jahre alt. Den letzten Teil seines Lebens verbrachte er in erzwungenem Ruhestand, den er sich mit Hilfe seiner Liebe zu Büchern und Tee erträglich gestaltete.

Im Alter von zweiundvierzig Jahren hatte er Nanking besucht, wo der siebzigjährige Tee-Meister Min Wên-Shui wohnte. Da es Chang sehr danach verlangte, einen von des Meisters Hand zubereiteten Tee zu genießen, beeilte er sich, dem alten Herrn seine Aufwartung zu machen. Min war jedoch nicht zu Hause, und so beschloß Chang, auf ihn zu warten. Endlich kam der Meister. Bevor Chang sich ihm vorstellen konnte, rief der alte Herr aus: «Du meine Güte! Ich habe meinen Spazierstock vergessen. Bitte nehmt Platz, bis ich ihn geholt habe.» Der arme Chang saß nun auf einer Bank im kühlen Hof und mußte recht lange warten. Der alte Herr war bei seiner Rückkehr sichtlich überrascht, seinen Besucher noch anzutreffen und fragte höflich nach dem Zweck des Besuches. «Mein Herr», antwortete Chang, «ich habe sehr viel Bewundernswertes über Euch gehört. Mein Verlangen, Euren Tee zu probieren, ist so groß, daß ich mich nicht von der Stelle rühren werde, bis ich es getan habe.» Gerührt durch diese Aufrichtigkeit, führte Meister Min seinen Besucher in einen Raum, in dem Tee-Utensilien bereitstanden. Zu ihnen gehörte auch eine Ching-Ch'i-Steingutkanne und eine makellos saubere Ch'eng-Hua-Teeflasche (die alte Form eines Wasserkessels).

Der Gastgeber zündete den Ofen an und bereitete den Tee auf eine Weise zu, die Chang Yo größte Bewunderung einflößte, denn später berichtete er: «Der Tee floß mit der Geschwindigkeit von Wind und Regen in die Schalen und strömte einen überwältigenden Duft aus.» Als der Meister ihm anvertraute, der Tee sei aus Han-Yüan-Blättern gemacht, bat sein Gast um Verzeihung, wenn er anderer Ansicht sei, und erriet dann den richtigen Namen. Der alte Mann war beeindruckt und sagte, er habe das Wasser den weiten Weg vom Berg Hui geholt, woraufhin Chang ausrief: «Wenn das wirklich so wäre, wie könnte es dann so frisch sein?» Diesmal blieb der Meister jedoch bei seiner Behauptung und erklärte, vor dem Schöpfen habe er den Brunnen gründlich gereinigt und dann gewartet, bis er wieder vollgelaufen sei. Außerdem habe er das Wasser in Behältern aus Stein transportiert.

Entzückt darüber, einen so sachkundigen Gast zu haben, goß Meister Min eine zweite Kanne auf. Nachdem Chang die Schale angehoben und den Duft eingesogen hatte, bemerkte er: «Ich glaube, mein Herr, der Tee von vorhin wurde im Herbst gepflückt, während diese Blätter hier im Frühling geerntet wurden.» Meister Min lächelte wohlwollend: «Junger Mann, Ihr seid eine bemerkenswerte Persönlichkeit», sagte er. «In meinen siebzig Lebensjahren bin ich vielen Teeliebhabern begegnet, doch keiner war so klarsichtig wie Ihr. Es wäre eine Ehre für mich, Euch zu meinen Freunden zählen zu dürfen.» Min war unter Teekennern so berühmt, daß das Privileg, von ihm persönlich zubereiteten Tee zu kosten, nicht leicht zu erringen war. Und von ihm als wirklicher Teefreund akzeptiert zu werden, war ein schlagender Beweis für die Talente Chang Yos.

Einige grüne Tees aus der Provinz Szechwan

Diese riesige Provinz im westlichen China besteht aus weiten, gut bewässerten und fruchtbaren Ebenen, umgeben von Hügeln und Bergen, von denen viele dicht bewaldet sind. Die Teeplantagen auf ihren Hängen waren in China seit altersher berühmt. In neuerer Zeit sind die Tees aus Szechwan allerdings nicht mehr ganz so bekannt, wie das einst der Fall war.

Zwei von ihnen, «Grüne Stadt» und «Verborgener Berggipfel», sind Gegenstand alter Gedichte und Legenden, die bei Teefreunden sehr beliebt sind.

Ch'ing-Ch'êng (Grüne Stadt)

Diesen Tee kennt man auch unter dem seltsamen Namen Chang-Jên (Vater der Ehefrau). Der Berg zur Grünen Stadt, so genannt wegen seiner Ähnlichkeit mit einer von Mauern umgebenen Stadt, ist ein lieblicher Platz. Ich weilte dort in einer taoistischen Einsiedelei und bekam den Tee gereicht von spirituellen Abkömmlingen einer Linie von Taoisten, die bis in sehr alte Zeiten zurückreichte. Ihr einer vergangenen Welt zugehöriger Charme und die anmutigen Gesten begeisterten mich derart, daß ich mich an den Geschmack des Tees nicht mehr genau erinnern kann, obwohl ich ihn mit größtem Vergnügen trank. Auf jeden Fall bezeugt die nachfolgende Geschichte, daß er von hervorragender Qualität gewesen sein muß.

Während der T'ang-Dynastie mußte Hsüan Tsung, der «Strahlende Kaiser», infolge der Rebellion seines einstigen Günstlings An Lu-Shan nach Szechwan fliehen. Auf der Flucht durch die Provinz träumte er von dem berühmten taoistischen Meister Sun Szê-Mo, der etwa hundert Jahre vorher gestorben war. In diesem Traum stieg Meister Sun vom Berg zur Grünen Stadt herab und bat Seine Majestät, ihm einige Schwefelblüten zu beschaffen, die er für ein Experiment brauchte. Der Kaiser ordnete an, zehn Teedosen mit dieser Substanz auf den Berg zu schicken. Der damit beauftragte kaiserliche Bote begegnete auf den unteren Abhängen einem sehr alten Taoisten mit wallendem Bart, weißen Augenbrauen und strahlenden Augen, der zu ihm sagte: «Lege die Schwefelblüten dort drüben auf den großen Felsen. Auf ihm findest du eine Dankesbotschaft eingraviert. Bitte kopiere sie mit deinem

Pinsel und zeige sie dem Herrn der Zehntausend Jahre.» Kaum hatte der Beamte das getan, waren sowohl der Fels wie auch der alte Mann plötzlich verschwunden. Der Kaiser erhielt die Botschaft, und nach seiner Rückkehr in die Hauptstadt verbreitete sich das Gerücht, Meister Sun, der inzwischen über zweihundert Jahre alt sein mußte, lebe noch auf jenem Berg.

Dieses Gerücht verstärkte sich durch das, was einem buddhistischen Mönch widerfuhr, der in der Provinzhauptstadt Chengtu lebte. Eines Tages erhielt er eine Botschaft, er solle zum Berg der Grünen Stadt eilen und dort einen heiligen Text für einen kranken alten Mann singen. Er folgte dem Boten und gelangte zu einer einsamen Hütte. Dort wurde er feierlich von einem zerlumpten alten Mann begrüßt, der sich auf einen Stab aus Birnenholz stützte und dessen lange Ohrläppchen fast bis zu den Schultern reichten. Das Haar war ungepflegt; die Augen glänzten seltsam. Während der Mönch sang, kniete der Alte vor ihm. Dann brachte der Diener ein vegetarisches Mahl, so einfach, wie es nur sein konnte, das aber dennoch wie Ambrosia schmeckte. Es folgte ein orangenfarbener Tee aus langen, zarten Blättern, der «eine duftende Dampfwolke verströmte». Als er dieses Getränk schlürfte, war es dem Mönch, «als werde er von Wind und Frühling gestreichelt». Auf seine Frage nach dem Namen des Tees antwortete der Gastgeber: «Das ist nur ein Tee hier aus der Gegend. Wie könnte man ihn mit dem guten Tee vergleichen, den ihr Stadtmenschen trinkt.» «Nicht doch, das ist der beste Tee, den ich jemals getrunken habe», erwiderte der Mönch. «Das ist wahrlich ein Zaubertee. Niemals hätte ich geglaubt, etwas Derartiges an so einsamem Ort anzutreffen.»

Später, als der Diener den Mönch bergab geleitete, fragte der Mönch nach dem Namen seines Herrn. Statt einer Antwort hob der Diener die Hand und malte damit die Schriftzeichen «Sun Szê-Mo» in die Luft, dann war er verschwunden.

Auf den Mönch wartete noch eine weitere Überraschung. Am Fuß des Berges angelangt, entdeckte er, daß die wenigen Kupfermünzen, die man ihm als Entgelt für sein Singen gegeben hatte, sich in Gold verwandelt hatten. Kaum wurde dieses Wunder in der Stadt bekannt, da strömten die Menschen zum Berg auf der Suche nach dem «Zaubertee». Auf diese Weise wurde der Tee zur Grünen Stadt plötzlich berühmt.

Mêng-Ting (Verborgener Berggipfel)

Von diesem heißt es, er sei der beste aller Szechwan-Tees. Seinen Namen hat er vom zentralen Gipfel des Mêng-Gebirges, wo er schon seit langem wächst. Ich hoffe recht zu haben, wenn ich ihn als grünen Tee einstufe, kann mich jedoch nicht genau erinnern – vielleicht war er auch leicht fermentiert. Dieser Tee war schon in der T'ang-Ära berühmt, und es kursierten märchenhafte Berichte über seine medizinischen Eigenschaften. Unter den Sung-Kaisern gab es auf dem Berge Mêng viele gutgehende Teeplantagen. Man erzählte, die Unsterblichen verhüllten den Gipfel mit dichtem Nebel, um die Teebäume vor plündernden Fremden zu schützen.

Die Ernte findet zwischen Frühjahr und Sommer statt. Ich habe diesen Tee in Szechwan hin und wieder probiert. Doch geschah dies während des Zweiten Weltkriegs, als die westlichen Provinzen von der übrigen Welt durch die japanischen Armeen praktisch abgeschnitten waren, weshalb wir bald lernten, auch bescheidene Freuden zu genießen. Ich frage mich, wie ich den Mêng-Ting-Tee bewerten würde, wenn ich ihn jetzt hätte und mit der «Eisernen Göttin der Barmherzigkeit» vergleichen könnte, die ich täglich mit großem Genuß trinke.

Ein Bericht aus der Zeit der Ch'ing-Dynastie besagt, auf einem Gipfel jener Bergkette hätten gerade sieben Teebäume gestanden. Ein Mönch namens Süßer Tau hätte davon pro

Jahr nur neunzig Blätter zusammenbringen können. Obwohl dies unglaubwürdig scheint, enthält diese Erzählung doch einen wahren Kern, denn es hat immer nur sehr wenig Mêng-Ting-Tee gegeben, weshalb er auch so teuer ist. Andere Namen für ihn sind «Donnerschlag» und «Tee der Unsterblichen»; sie werden durch folgende Geschichte erklärt.

In der Nähe einer der Teeplantagen gab es einen alten Tempel, in dem ein älterer Mönch lebte, der an der «Kalten Krankheit» litt, gegen die die Ärzte kein Heilmittel kannten. Eines Tages kam der Verwalter der Teeplantage vorbei und erkundigte sich höflich nach dem Befinden des Mönches. Dieser antwortete: «Ich bin schon seit Monaten ein Opfer der schrecklichen Kalten Krankheit.» Der Verwalter darauf: «Da kenne ich einen guten Tee als Heilmittel.» Diese Behauptung ärgerte den Kranken; denn der chinesischen Medizin zufolge sollten als «kühlend» eingestufte Nahrungsmittel und Getränke in einem solchen Fall höchst ungeeignet sein. Der Verwalter blieb jedoch bei seiner Behauptung: «Ich kenne da einen magischen Tee namens ‹Donnerschlag›. Im zweiten Mondmonat (März) muß man auf den ersten Donner im Frühjahr warten und dann schnell eine Unze von dem Tee pflücken, der auf dem zentralen Gipfel dieser Bergkette wächst. Aufgebrüht mit dem dort sprudelnden Quellwasser, wird er sich als unfehlbares Heilmittel gegen Eure Beschwerden erweisen. Zwei Unzen davon werden Euch für den Rest des Lebens gesund erhalten. Mit drei würdet Ihr sogar die Substanz Eurer Knochen verändern. Und vier machen Euch zu einem irdischen Unsterblichen. Ihr solltet es wirklich versuchen.»

Der kranke Mönch glaubte zwar nur die Hälfte, war aber doch der Ansicht, er sollte nichts unversucht lassen. Deshalb baute er sich eine Hütte zwischen den Teebäumen auf dem Gipfel. Der Frühling kam. Während des ersten Gewitters eilte er hinaus, um einige der zarten Blätter zu pflücken, und es gelang ihm, gerade eine Unze zu sammeln, nicht mehr und nicht weniger. Es dauerte nicht lange, da wurde er stark wie ein Dreißigjähriger. Im Alter von achtzig Jahren verließ er den Berg zur Grünen Stadt und bemühte sich um den WEG. Niemand weiß, wie es ihm danach ergangen ist.

Halb fermentierte Tees (Oolong)

Genaugenommen gibt es hiervon zwei Sorten: leicht fermentierte (von englischen Teehändlern manchmal *bohea* genannt) und zu 60 Prozent fermentierte (im Englischen richtig als *oolong* bezeichnet). Ich benutze im allgemeinen den besser bekannten Namen «Oolong» für beide. Der großartigste all dieser Tees, «Eiserne Göttin der Barmherzigkeit», ist ein echter Oolong, denn sein Fermentierungsgrad liegt bei 60 Prozent.

T'ieh-Kuan-Yin (Eiserne Göttin der Barmherzigkeit)

Meiner Ansicht nach wird dieser Tee nur noch vom Drachenbrunnentee übertroffen. Er unterscheidet sich jedoch sehr von diesem, ist er doch kein grüner, sondern ein halb fermentierter oder Oolong-Tee aus den Wu-I-Bergen der Provinz Fukien. Wie bei den meisten dieser Tees werden die Blätter nach der Verarbeitung dunkelgrün, mit leicht gelblichen Rändern, so daß der Aufguß eine Bernsteintönung annimmt. Der Geschmack ist zunächst bitter, dann süß, und der Duft pflegt am Gaumen zu haften. Ursprünglich wurde dieser Tee nur in einem bestimmten Bezirk der Provinz Fukien angebaut. Er breitete sich dann jedoch immer weiter aus, schließlich bis nach Nord-Kwantung und Taiwan. In mittlerer Qualität findet man diesen Tee in chinesischen Läden in Europa und Amerika. Man ist gut beraten, die jeweils teuerste verfügbare Sorte zu nehmen, ob sie nun aus der VR China oder aus Taiwan kommt.

Der Name weist darauf hin, daß dieser Tee zunächst in der Nähe eines der Gottheit Kuan-Yin geweihten Tempels wuchs. Es wird berichtet, ein im dortigen Bezirk ansässiger Teepflanzer namens Wei sei auf seinem Heimweg stets an diesem Tempel vorbeigekommen, dessen baufälliger Zustand ihm ins Herz schnitt. Zwar konnte er die Reparaturkosten nicht aufbringen, doch pflegte er am Ersten und Fünfzehnten jeden Monates hineinzugehen und Räucherwerk abzubrennen, den Boden gründlich zu kehren und die Standbilder zu säubern. Eines Nachts erschien ihm Kuan-Yin im Traum und sagte: «In der Höhle hinter diesem Tempel gibt es einen Schatz, der mehreren Generationen von Nutzen sein kann. Du sollst ihn jedoch großzügig mit deinen Nachbarn teilen.»

Am folgenden Tag suchte er fleißig nach dem Schatz, fand aber nur einen winzigen Teesprößling. Er war enttäuscht, pflanzte ihn jedoch in seiner Plantage an und pflegte ihn so gut, daß er innerhalb von zwei Jahren zu einem Strauch wurde, der einen Ertrag von einem *catty* (600 g) Tee erbrachte. Als er etwas davon in einer Schale aufgoß, erfüllte ein ungewöhnlicher Duft den Raum. Der Aufguß blieb auch nach mehrmaligem Zugießen von Wasser klar und stark. Der Teepflanzer bemühte sich nach Kräften um die neue Teesorte, so daß innerhalb weniger Jahre aus dem einen Pflänzchen zweihundert Bäume und Sträucher entstanden.

Als die Händler die erste Ernte aufkauften und nach dem Namen des Tees fragten, sagte er: «Wir müssen ihn Kuan-Yin-Tee nennen.» – «Wegen der eisernen Statue von Kuan-Yin in jenem alten Tempel?» – «Genau deswegen», antwortete er. Und da es ein guter Name war, wurde er niemals geändert. Sobald er zu einigem Wohlstand gekommen war, ließ Wei Tempel und Götterbilder reparieren und verschenkte bereitwillig Teesamen an seine Nachbarn, so daß es bald allen Bewohnern dieser Gegend gutging.

In einem anderen Bericht wird behauptet, das Wort «eisern» beziehe sich einfach auf die Farbe der verarbeiteten Blätter und nicht auf das Material, aus dem die Götterfigur hergestellt war. Der Buddha-Berg in jenem Bezirk hat einen schwarzgrauen Boden und ein Klima, das für den Anbau von Tee hervorragend geeignet ist. Die Blätter können zu jeder Jahreszeit gepflückt werden.

Andere Teesorten von den Wu-I-Bergen

Auf den Abhängen der weitauseinandergezogenen Wu-I-Bergkette, deren Gipfel große Höhen erreichen, ist das Klima feucht, und es gibt dort viele schattige Wälder. Je nach der Art der Verarbeitung unterteilt man die dort wachsenden Tees in die Kategorien Oolong (Schwarzer Drache) und Pao-Chung (in Papier eingewickelt). Die erstgenannte Sorte erhielt ihren Namen, weil man Kindern, die sich vor den schwarzen Schlangen fürchteten, die sich manchmal um die Äste dieser Teebäume ringelten, erzählte, sie brauchten keine Angst zu haben, da es sich um Drachenbabies handle. Die andere Sorte pflegte man seinerzeit in geruchloses Papier zu wickeln, bevor man die Blätter trocknete. Sie ist nur zu 10 bis 15 Prozent fermentiert. Die individuellen Namen einiger Wu-I-Tees sind folgende:

Mao-Hai (Haariger Krebs); *Fu-Shou* (Buddha-Hand), was auch der Name einer chinesischen Zitrusfrucht ist; *T'ieh-Lo-Han* (Eiserner Arahan): «Arahan» bedeutet «buddhistischer Heiliger»; *Shui-Hsien* (Iris oder Wassernymphe), wächst auch in der Provinz Kwantung; *Ta-Pai* (Großer Weißer); *Wu-T'ui* (Schwarzer Haufen); *Hung-P'ieh* (Rote

Grenze); *Ta-Hung-P'ao* (Großes rotes Gewand); *Hsiao-Chung* (Kleines Blatt), in England als Souchong bekannt; *P'êng-Fêng*, im Ausland auch unter der Bezeichnung «Schönheit des Orients» verkauft; *Ch'ing-Hsiang* (Reiner Duft); *Kung-Fu* (Der Geschicklichkeit erfordert); siehe 10. Kapitel; und schließlich *Sung-Mêng*.

Einige dieser Tees werden heute mit Erfolg auch auf Taiwan angebaut. Andere gute Tees gelten manchmal als Wu-I-Tees, obwohl sie nicht auf den Wu-I-Bergen wachsen. Es sind dies:

Pai-Mao-Hou (Weißhaariger Affe), *Ch'iao-Shê* (Spatzenzunge), *Lien-Pai* (Lotos-Weiß), *Pai-Mao* (Weißer Pelz) und *Tz'ê-Mao* (Purpurfarbener Pelz).

Von den Wu-I-Tees wurde «Großes rotes Gewand» in der Ming-Ära berühmt, da nur geringe Mengen davon erzeugt wurden. Ursprünglich wuchs dieser Tee auf dem Kliff Himmlischer Geist, auf dem sich ein großes Kloster befand. In einer von einer Quelle feucht gehaltenen Schlucht bauten die Mönche in ihrer Freizeit Tee an. Das Pflücken war wegen der Höhe der Bäume jedoch so mühsam, daß die Ernte nur winzig und ausschließlich für den persönlichen Gebrauch des Sohnes des Himmels bestimmt war. Der Legende nach legte während der Ming-Ära ein zur Beaufsichtigung des Pflückens entsandter hoher Beamter sein besticktes rotes Gewand ab und hängte es in den Baum, um beim Erklettern der luftigen Äste nicht behindert zu werden. In einer anderen Überlieferung heißt es, es sei unmöglich gewesen, die Blätter auf den oberen Ästen zu erreichen, weshalb die Mönche nur die abgefallenen abernten konnten. Eines Tages verfielen sie jedoch auf den Gedanken, Affen abzurichten, die an langen Leinen nach oben kletterten und die Teeblätter pflückten. Da die Affen zu Ehren des Kaisers rote Kleider trugen, schienen die Bäume, aus einiger Entfernung betrachtet, wie mit roten Blüten bedeckt.

Keine der beiden Geschichten wirkt besonders glaubwürdig. Die erste schon deshalb nicht, weil von einem hohen kaiserlichen Beamten kaum zu erwarten ist, daß er sich so weit erniedrige, selbst auf Bäume zu klettern. Die zweite klingt unwahrscheinlich, weil der Kaiser sicher nicht verlangt hätte, daß die pflückenden Affen rote Kleider tragen sollten.

Rote (schwarze) Tees

Ch'i-Mên, der bekannteste dieser Tees, in England unter dem Namen *keemun* bekannt, kommt aus der Provinz Anhwei, die weiter nördlich liegt als andere bedeutende Anbaugebiete. «Keemun» ist eine Anglisierung des Namens des Ch'i-Mên-Bezirks, in dem er wächst. Da man einst behauptete, kein anderer schwarzer Tee in der Welt (ausgenommen vielleicht der beste Darjeeling) könne sich mit ihm vergleichen, war er bei den oberen Gesellschaftsklassen in England sehr beliebt, obwohl nur wenige chinesische Teekenner «roten» Tee schätzen, wie gut er auch sein mag. Seine Beliebtheit im Ausland verdankt er nicht nur dem äußeren Bild seiner glatten und zarten schwarzen Blätter, seinem feinen Aroma und dem stark bernsteinfarbenen Aufguß, sondern auch seiner guten Vermarktung, denn die eben genannten Eigenschaften kann man von allen wirklich guten schwarzen Tees erwarten. Einige von denen, die in anderen Regionen Chinas oder sonstwo wachsen, können genauso köstlich sein.

Bis zum späten 19. Jahrhundert hatte der Bezirk Ch'i-Mên nur grüne Tees erzeugt. Das änderte sich infolge einer seltsamen Geschichte. Ein junger Mann aus einer Familie, in der die Männer seit Generationen Barbiere gewesen waren, hatte es geschafft, alle staatlichen Examen zu bestehen und einen hohen Beamtenposten zu erhalten. Sein Vater sagte jedoch zu ihm: «Geld und Rang sind nicht so wichtig. Es kommt darauf an, eine Fertigkeit zu erlernen, mit der man sein ganzes Leben lang seinen Unterhalt verdienen kann.» Der auf seinen Beamtenposten stolze junge Mann kümmerte sich jedoch nicht um den väterlichen Rat. Drei Jahre später fiel er in Ungnade und mußte den Dienst quittieren. Eingedenk des Rates seines Vaters ging er auf eine Teeplantage in Fukien und lernte dort, wie man Tee verarbeitet. Nach Hause zurückgekehrt, errichtete er mit Hilfe des Vaters Fabriken in drei Dörfern. Diese machten wegen der steigenden Nachfrage nach schwarzen Tees aus Übersee so gute Geschäfte, daß Konkurrenzfirmen in der Nachbarschaft sich ebenfalls von grünem auf schwarzen Tee umstellten. Während Tees nach Keemun-Art in dünnen, langen Blattstreifen geliefert werden, kommen neuere schwarze Tees wie etwa Lipton oder einige Ceylontees in einer stärker gebrochenen oder gerollten Form auf den Markt, die Teeliebhabern wegen ihrer zumindest äußeren Ähnlichkeit mit zusammengekehrten Resten aus einer Teefabrik in hohem Maße mißfällt.

Sonstige rote Tees

Die meisten Teeprovinzen in China produzieren auch «rote» (schwarze) Tees, zum Beispiel:

Min-Hung (Fukien-Rot) aus der Provinz Fukien;
Ch'uan-Hung (Szechwan-Rot) aus der Provinz Szechwan;
Chên-Hung (Yünnan-Rot) aus der Provinz Yünnan;
Hou-Kang-Hung (Schädel-Kliff-Rot) aus Taiwan;
Jih-Yüeh-Hung (Sonne-und-Mond-Rot) aus Taiwan.

Alle diese Tees werden denjenigen gefallen, die noch nicht gelernt haben, grüne und Oolong-Tees zu schätzen, von denen man allerdings stets die teureren Sorten kaufen sollte. Von den taiwanesischen roten Tees eignen sich die mit größeren Blättern dafür, mit Milch oder Zitrone getrunken zu werden. Die kleineren Blätter werden hauptsächlich für Teebeutel verwendet.

Weiße Tees

Echte weißblättrige Tees sind heutzutage selten; zur Zeit der Sung-Dynastie wurden hohe Preise dafür bezahlt, und sie waren vermutlich weit verbreitet. Aus der Provinz Fukien sind meinen Informationen zufolge drei Sorten erhältlich: *Yin-Chên* (Silbernadel), *Pai-Mu-Tan* (Weiße Päonie) und *Ying-Mei* (Edle Schönheit). Ich habe gelesen, daß sie köstlich schmecken sollen, hatte jedoch noch nie das Glück, sie probieren zu können.

P'u-Êrh-Tees

Sie kommen aus der Provinz Yünnan in der südwestlichen Ecke Chinas und lassen sich nicht nach der Farbe klassifizieren, da es unter ihnen grüne, Oolong, rote, weiße und Ziegeltees gibt. Im Geschmack unterscheiden sie sich von den anderen Sorten. Die besseren Grade werden von einigen Teeliebhabern sehr geschätzt, während andere sich nichts aus ihnen machen. Einig sind sich jedoch alle darin, daß sie bemerkenswerte medizinische Eigenschaften besitzen. Bis zur mongolischen Yüan-Dynastie waren sie außerhalb von Yünnan kaum bekannt. Erst die mongolischen Soldaten des Kaisers Kublai Khan und die ihnen gegenüberstehenden chinesischen Soldaten beobachteten, daß die Bewohner dieser Region aus gewissen Blättern eine Suppe kochten, der sie heilsame Wirkung zuschrieben: Verlängerung des Lebens, Stärkung der Lebensenergie und ganz allgemein Förderung des Wohlbefindens. Seither haben Generationen von Teeliebhabern diesen Tee wegen seines Geschmacks und der gesundheitsfördernden Eigenschaften gepriesen. Einst wurde er zu Kuchen gepreßt; heute formt man ihn zu Ziegeltee oder verkauft ihn als Paste. Er wird jedoch auch weithin als Blatt-Tee vermarktet. Es gibt mehrere hundert Sorten, die alle wild wachsen und doch von hoher Qualität sind.

Die Verarbeitungsmethode gleicht der des einstigen Chien-An-Tribut-Tees aus Fukien. In den Stammesgebieten unmittelbar an der chinesischen Nordgrenze, wo die Nomaden auf fermentierten Ziegeltee versessen sind, wird er als solcher vertrieben. Er ist nicht nur nahrhaft, sondern fördert auch die Verdauung und den Auswurf von Schleim; außerdem gilt er als Heilmittel bei verschiedenen Krankheiten. Man macht zunächst eine Paste aus ihm, die nach dem Abkühlen zu einem festen Kuchen wird. Dieser gilt als fast magisches Mittel gegen Erkältung, Halsschmerzen oder Hitzschlag. Eine andere, vorwiegend aus alten Blättern – niemals frischen – hergestellte Sorte schmeckt bitter, verursacht jedoch im Mund einen anhaltenden, duftenden Nachgeschmack.

«P'u-Êrh» ist heute die Bezeichnung für eine umfassende Kategorie von Yünnan-Tees, von denen jeder einen eigenen Namen hat. Einige davon zähle ich hier auf:

1. *Huo-Shao-Yün* (Wolken-Brenner): Die Bäume sind sehr hoch. In der Blütezeit sind sie derart mit feuerroten Knospen übersät, daß man behauptet, niedrig hängende Wolken würden ihre Farbe reflektieren.
2. *Hên-T'ien-Kao* (Höhen-Hasser): Die Sträucher werden nicht ganz dreißig Zentimeter hoch und haben sehr schöne Blüten. Die jadegrünen Blätter sind von eigenem Reiz.

3. *I-Chang-Ch'in* (Zehn-Fuß-Grün): Es sind ganz gewöhnlich aussehende Bäume mit sehr dicken Ästen und dichtem Laubwerk. Nach der Ernte im Frühling können nochmals drei oder mehr Ernten eingebracht werden, weshalb man diese Bäume auch *Wan-Nien-Ch'ing* (Immergrün) nennt.
4. *Mu-Tan-Wang* (Päonien-König): Die Sträucher sind nur dreißig Zentimeter hoch, haben jedoch üppige Zweige und Blattwerk. Die Blüten ähneln Päonien. Die Sorte als solche ist ziemlich selten, ihr Ertrag gut und von hoher Qualität.
5. *Tsui-Yang-Fei* (Betrunkene Konkubine Yang): Die Bäume sind etwa drei Meter hoch. Nach der Verarbeitung wird der Tee schwarz und besitzt einen rötlichen Schimmer, der an die kirschroten Lippen eines hübschen Mädchens erinnert, was «die Menschen freudetrunken macht». Diese selten vorkommende Sorte schmeckt nicht besonders gut.
6. *I-P'êng-Hsüeh* (Eine Handvoll Schnee): Er gehört zur Kategorie der weißen Tees, ist tatsächlich schneeweiß und erinnert an den Blütenkelch einer Lotosblume. Läßt man den Aufguß zu lange stehen, nimmt er eine gelbliche Färbung an.
7. *Pai-Yeh* (Weißes Blatt): Das ist nur ein anderer Name für «Eine Handvoll Schnee».
8. *Yeh-Yeh-Chün* (Allnächtlicher Frühling): Diese Bäume wachsen wild. Ihre Blätter dürfen nicht fermentiert oder zerstoßen werden. Sie sind ein wirksames Gegenmittel gegen Vergiftungen und gelten als gutes Aphrodisiakum (wie schon aus dem Namen zu schließen) – doch, wie mein Teebruder sagt, wie kann man es wissen, wenn man es nicht ausprobiert hat?
9. *Hosenboden-P'u-Êrh:* Zur Herstellung vieler Sorten von P'u-Êrh-Tees werden nur alte Blätter verwendet. Die

jungen Pflückerinnen wissen jedoch, daß junge Blätter besser schmecken. Daher verstecken sie ziemliche Mengen davon in ihren bauschigen Hosen und verkaufen sie privat.

Blütentees

Sie sind kollektiv unter dem Namen *Hua-Ch'a* (Blütentee) bekannt oder auch als *Hsiang-P'ien* (Duftende Splitter). Der Tee-Kommissar aus der Sung-Dynastie (siehe 1. Kapitel) bemerkte, daß verschiedene Substanzen benutzt würden, um den Duft der minderwertigen Sorten auf betrügerische Art zu verbessern, und äußerte sich daher abfällig über vermischte Tees. Erstaunlicherweise wurden gerade in der Sung-Ära einige Tribut-Tees mit einem Stoff behandelt, der Borneo-Kampfer ähnelt. Seit dieser Zeit wurde das Zusetzen von Blüten zum Tee immer populärer, freilich nicht bei Teekennern. Einige Tees der Ming-Ära glichen denen, die es heute zu kaufen gibt. Theoretisch könnten als Zusatz Rosen, Orchideen, Cassiablüten, Gardenien, Lotos, Pflaume und andere Blüten verwendet werden, die meisten sind jedoch zu teuer, so daß Blütentees gewöhnlich mit Jasmin versetzt werden, den es im südlichen China und auf Taiwan in Hülle und Fülle gibt. Während der Verarbeitung wird der Jasmin mit den Teeblättern gemischt und mit ihnen zusammen geröstet, so daß der Duft der Blüte von den Blättern aufgenommen wird. (Fügt man, wie es in Nordchina oft geschieht, die Blüten später hinzu, dann auf Wunsch der Kunden, nicht der Hersteller.)

Ganz allgemein läßt sich sagen, daß Blütentees vorwiegend in den nördlichen Provinzen beliebt sind, und selbst dort werden sie von wirklichen Kennern nicht besonders geschätzt. Doch gibt es überall in der Welt Freunde dieser Tees. Da dies eine Geschmacksfrage ist, will ich mir kein persönliches Urteil erlauben, außer folgender Feststellung: Mischt man wirklich feinen Tees Blüten bei, die den natürlichen Geschmack überlagern, dann ist das so, als würde man Rosen mit einem Duftstoff besprühen! Blütentees sind wie die meisten anderen Sorten in vielen Qualitäten zu haben. Unterschiede ergeben sich infolge der verschiedenen Verarbeitungsverfahren.

Ich nenne hier keine Namen. Da jede beliebige Art von Teeblättern verwendet werden kann, gelten Blütentees nicht als spezielle Kategorie. Chrysanthementee muß dagegen gesondert beschrieben werden. Getrocknete Chrysanthemenblätter werden zusammen mit Teeblättern oder alleine mit heißem Wasser aufgegossen, manchmal unter Zusatz von Zucker. Ein solcher Aufguß hilft gegen nachteilige Auswirkungen glühender Sommerhitze. Deshalb gilt Chrysanthementee in China aus medizinischer Sicht als «kühlendes» Getränk.

Die Chinesen lieben Chrysanthemen und haben Tausende Arten davon gezüchtet. Doch nur eine ist für einen Teeaufguß geeignet, nämlich die sogenannte Süße Chrysantheme, deren schönste Exemplare in Hangchow anzutreffen sind. Ihr schreibt man seit uralten Zeiten allerlei medizinische Eigenschaften zu, und viele Chinesen glauben, ihr Genuß verlängere die Lebenserwartung.

Diese Ansicht hat möglicherweise ihren Ursprung in einer Erzählung aus der Sung-Zeit, in der es um Wasser ging, das aus dem «Chrysanthemen-Flüßchen» geschöpft wurde. Der Sung-Kaiser Kao Tsung (1127-1163) war entzückt von der Vorführung einer Truppe von Palast-Tänzerinnen. Er ließ ihre Leiterin zu sich kommen und unterhielt sich eine Weile mit ihr, bevor er jedes Mitglied der Truppe mit einem großzügigen Geschenk bedachte. Ein sehr alter Eunuche hörte zufällig, wie sie dem Herrn der Zehntausend Jahre erzählte, sie heiße Chu (Chrysantheme) und sei einundzwanzig Jahre alt. Als das Mädchen sich zum Abschied vor dem Kaiser niedergeworfen hatte und zu ihrer Truppe zurückgekehrt war, flüsterte der alte Eunuch dem Kaiser zu, eine Tänzerin, die dieser ungewöhnlich ähnlich gewesen sei und auch denselben ungewöhnlichen Zunamen geführt habe, habe schon vor vierzig Jahren am Hof des Vorgängers von Kaiser Kao getanzt. Sollte es sich wirklich um ein und dieselbe Person handeln, müsse sie eine Zauberin sein. Daraufhin wurde das Mädchen verhört. Freimütig gab es zu, wirklich das Fräulein Chrysantheme zu sein, das schon in vergangener Zeit im Palast getanzt hatte; ihr wirkliches Alter sei einundsechzig Jahre. «Das ist aber kein Grund zu Aufregung», sagte sie. «Meine Eltern leben in der Nähe des Chrysanthemen-Flüßchens. Wir schöpfen unser Wasser aus ihm. Daher ist es gar nicht überraschend, daß die meisten von uns mehr als hundert Jahre alt werden, ohne an jugendlichem Aussehen und Gewandtheit zu verlieren.» Da viele Menschen diese Erklärung bestätigen konnten, gab sich der Kaiser zufrieden und das Mädchen wurde von jedem Verdacht befreit.

Bemerkenswerte Tees aus Taiwan

Die Insel Taiwan erzeugt seit Jahrhunderten Tee, der ursprünglich in der Provinz Fukien beheimatet war. Seitdem die Kommunisten die Macht auf dem Festland übernommen haben, wurde die Erzeugung auf Taiwan diversifiziert und gewaltig gesteigert, so daß dort heute Tees angebaut werden, die den feinsten Festlandsorten gleichwertig sind. In jüngster Zeit haben mehrere lokale Teefabriken von manueller auf maschinelle Verarbeitung umgestellt, was aus der Sicht eines Kenners nicht unbedingt eine Verbesserung bedeutet. Zu den guten Tees dieser Provinz gehören folgende.

Tung-Ting

Er stammt ursprünglich von einem Berg gleichen Namens, der ans Rotwild-Tal grenzt. Dort gibt es häufig Wolken und Nebel, und die Temperatur steigt selten über zwanzig Grad Celsius. Verbessert durch moderne Produktionsmethoden, ist dieser Tee zu einem der besten der Insel geworden. Einige Leute behaupten, er stamme von einer lokalen Teepflanze, die ursprünglich wild gewachsen sei; andere meinen, der Samen sei aus Fukien importiert worden. Wie dem auch sei: Dieser Tee ist knapp und wird von Teeliebhabern mit dem Tribut-Tee aus alten Zeiten verglichen – vor allem, da er bitter schmeckt, jedoch einen süßen Nachgeschmack im Mund hinterläßt, eine Eigenschaft, die von Kennern geschätzt wird. Ob man nun aus diesen Blättern grünen Tee macht, sie halb fermentiert oder zu Blütentee verarbeitet – der Tee ist immer ausgezeichnet.

Pao-Chung (In Papierpackung)

Diese alte Bezeichnung leitet sich von dem Namen ab, den man einst gewissen Tribut-Tees gab, die vor dem Rösten in geruchloses Baumwollpapier gepackt wurden. Warum gerade ein auf dem Berge Wên im nördlichen Taiwan wachsender Tee so benannt wurde, ist nicht bekannt und eigentlich auch gar nicht verständlich. Denn dieses Produkt aus Taiwan ist leicht fermentiert und wird ziemlich stark geröstet, so daß es in der Verarbeitung eher zur Oolong- als zur Bohea-Kategorie gehört. Es werden jährlich etwa einhunderttausend *catties* erzeugt und verkauft. Einige Tee-Experten in Taiwan halten diesen Tee dem zuvor beschriebenen Tung-Ting-Tee für ebenbürtig. Sollte das zutreffen, wäre das eine gute Nachricht, denn von ihm gibt es größere Mengen.

Ming-Tê (Strahlende Tugend)

Dieser Tee stammt aus der Nachbarschaft des jüngst eingerichteten Ming-Tê-Reservoirs, wo die neuen Teeplantagen jährlich etwa dreihunderttausend Kilogramm erzeugen. Dennoch handelt es sich nicht wirklich um eine neue Teeart. Früher kannte man ihn unter dem Namen Lao-T'ien-Liao und pflegte ihn zu verschiedenen Sorten zu verarbeiten, darunter «Schönheit des Orients». Unter dieser Bezeichnung erfreute er sich im Ausland stetiger Nachfrage. (Ich habe diesen Namen aus dem Chinesischen übersetzt und kenne die englische Markenbezeichnung nicht; vielleicht lautet sie «Schönheit des Ostens» oder so ähnlich.) In dieser Form war er zu siebzig Prozent fermentiert und somit dem mit Milch oder Zitrone getrunkenen roten (schwarzen) Tee nicht unähnlich. Da er manuell verarbeitet und entsprechend teuer war, wurde er nach und nach von Darjeeling und Ceylon-Tees verdrängt. Neuerdings wird auch er maschinell verarbeitet und scheint seine frühere Beliebtheit zurückzuerobern.

Suan-Hsiang-Tzu (Saure Schachtel)

Dieser ganz neue Tee aus dem Ming-Tê-Reservoir schockiert die Teeliebhaber. Die Blätter werden in Schalen ausgehöhlter Orangen verpackt, die zunächst in der Sonne getrocknet, dann verschlossen und geräuchert und schließlich in einem Ofen getrocknet werden. Der Käufer schneidet die Orange erst auf, wenn er den Tee aufgießen will, und kocht dann den Inhalt mit Schale oder Puderzucker. Es heißt, er schmecke besonders gut als geeister Tee.

Sung-Po-Ch'ing (Koniferenartiges Immergrün)

Dieser schon seit mehr als zweihundert Jahren bekannte Tee wird in der taiwanesischen Provinz Nan-Tou in der Nähe des Shou-T'ien-Kung-Tempels angebaut. Dieser alte taoistische Tempel wurde vor einiger Zeit renoviert und vergrößert, denn in jedem Frühjahr und Herbst besuchen ihn viele Menschen, um die Polarstern-Gottheit zu verehren. In der Nähe befindet sich die Quelle zum Drachenauge, die ausgezeichnetes Wasser liefert. In der Umgebung gibt es Kiefern und Zedern in Hülle und Fülle. Beim Besuch dieser Gegend sollte man die Gelegenheit nutzen, den Tee zu probieren, der mit dem Wasser dieser Quelle zubereitet wird, wie es die Tee-Meister von jeher empfehlen. Vor 1975 war dieser Tee kaum bekannt. Neuerdings hat er an Beliebtheit gewonnen und verkauft sich gut. Manche Kenner vergleichen ihn mit dem berühmten Tee «Eiserne Göttin der Barmherzigkeit» aus der Festlandprovinz Fukien.

Kang-Kou (Hafen-Tee)

Taiwans Tee wird überwiegend in den mittleren und nördlichen Regionen der Insel angebaut. Der Hafen-Tee jedoch kommt von den terassenförmig angelegten Plantagen im Süden. Man erzählt, gegen Ende des vorigen Jahrhunderts habe ein Friedensrichter in dieser Region vier Arten von Kleines-Blatt-Samen aus Fukien importiert und sie vor der Aussaat vermischt. Obgleich er bisher als Tee mittlerer Qualität galt, dürfte es sich um ein chancenreiches Produkt handeln. Auf jeden Fall ist die Landschaft um das Manchu-Dorf, wo er wächst, reizvoll. Besucher dieser Gegend sollten es nicht versäumen, ihn in seiner natürlichen Umgebung zu probieren, eingedenk der Tatsache, daß alle Tees dort am besten schmekken, wo sie wachsen.

Seltene, legendäre oder auf andere Art sonderbare Tees

Einige der in alten Aufzeichnungen erwähnten Tees können heute nicht mehr identifiziert werden. Vielleicht haben sie gar nie existiert, doch hören Teeliebhaber gerne Geschichten über sie. Andererseits gibt es Tees, die noch heute unter den alten, pittoresken Bezeichnungen verkauft werden. Ob sie wirklich die sind, die sie zu sein behaupten, läßt sich nicht nachweisen.

Hou-Êrh (Affen-Tee)

Er sollte nicht mit dem «Weißhaarige Affen»-Tee verwechselt werden, der auf Bäumen wächst, die so hoch sind, daß man glaubt, sie könnten nur von Affen erklettert werden, und den man noch heute auf dem Markt findet. Es ist auch nicht der «Rotes Gewand»-Tee. Der erste Affen-Tee kam angeblich vom Berge Ying-T'ang in der Nähe von Wenchow in der Provinz Chekiang. Es ist eine einsame Gegend, in der wilde Tiere hausen. In den Tälern jedoch gab es zahlreiche Klöster mit Mönchen sowie Pächter, die Ackerbau und Obstanbau betrieben.

Eine alte Geschichte erzählt von einem sehr jungen Novizen aus dem Kloster zur Himmlischen Weisheit, der sich um einige mit Früchten überladene Birnbäume kümmerte. Plötzlich brach aus dem Wald eine Horde Affen und machte sich über die Birnen her. Auf die gellenden Hilferufe des kleinen Novizen hin eilten einige Mönche herbei. Da waren die Bäume jedoch bereits ihrer süßen Last beraubt und die Äste abgebrochen, so daß die Gruppe in Erwartung der Vorhaltungen des Abtes schleppenden Schrittes zum Kloster zurückmarschierte. Statt zu schelten, sagte der Abt jedoch resigniert: «Der Himmel befiehlt uns, allen lebenden Geschöpfen gegenüber barmherzig zu sein, und das besagt auch die Lehre Buddhas. Die Dinge kommen und gehen. Wie alle empfindungsfähigen Wesen haben auch Affen eine spirituelle Natur. Sie haben unsere Birnen gefressen. Sei's drum.»

Von nun an erlaubten die heiligen Männer den Affen, nach Belieben zu kommen und zu gehen. Nach und nach verloren die Tiere die Furcht vor dem Menschen und fingen an, die Mönche als ihre Freunde zu betrachten. In einem ungewöhnlich kalten Winter, als Berge und Bäume dicht mit Schnee bedeckt waren, verhungerten Hunderte von Tieren. Nach einigen Wochen drang eine Horde herumstreunender Affen ins Klostergelände ein und lief aufgeregt hin und her, halb bittend, halb drohend, als wollten sie sagen: «Bitte gebt uns etwas zu fressen, oder wir müssen einfach einbrechen und es uns nehmen.» Der Abt befahl, Säcke mit Futter nach draußen zu tragen und an die Affen zu verteilen. Laute Schreie ausstoßend, griffen die Affen sich die Säcke und liefen damit zurück in den Wald. Mit Frühlingsbeginn kam die Zeit für die Tee-Ernte. Während dieser mühsamen Arbeit sahen die Mönche plötzlich eine Affenhorde vom Berggipfel herunterkommen. Hinter sich her zogen sie die alten Futtersäcke, die jetzt prall mit jungen Teeblättern gefüllt waren. Es war so, als kämen gute Freunde mit Körben voller Pfirsiche als Dank für eine Spende von Birnen. Es stellte sich heraus, daß der Tee – an für Menschen unzugänglichen Orten gepflückt – von unvergleichlicher Qualität war. So wurde der aus dieser Gegend stammende Tee unter dem Namen Affen-Tee bekannt.

T'ien-Chu (Himmlischer Pfeiler)

Nach altüberlieferten Texten stammt dieser Tee von einem Berg gleichen Namens, doch weiß heute niemand, wo er sich befindet, da es über ganz China verstreut zumindest sieben Berge mit dieser oder einer ähnlichen Bezeichnung gibt – übrigens alle in Gegenden, die das *Klassische Buch vom Tee* aus der T'ang-Dynastie als für den Anbau von Tee geeignet nennt.

Es heißt nun, einer der bedeutenden Minister der T'ang-Ära, der in den Besitz von «Himmlischer Pfeiler»-Tee aus der Provinz Anhui gelangte, habe ihn als ausgezeichnetes Mittel gegen Vergiftungserscheinungen und Verdauungsstörungen erkannt. Um das zu beweisen, bereitete er einen starken Aufguß, legte etwas frisches Fleisch hinein, setzte den Deckel auf das Gefäß und befahl seinen Leuten, am folgenden Tage wiederzukommen. Als er dann den Deckel abnahm, stellten sie fest, daß das Fleisch sich völlig aufgelöst hatte. Man kann diese Geschichte glauben oder nicht. Auf jeden Fall steckt ein Körnchen Wahrheit in ihr, denn grüne und halb fermentierte Tees sind hervorragende antitoxische Mittel und hilfreich bei der Verdauung schwerer Speisen.

I-Yeh (Ein Blatt)

Diesen Namen gibt man gewissen großblättrigen wilden Tees aus den Bergen der Provinz Kwantung. Sie sind vielgelobte Mittel gegen die Auswirkungen sommerlicher Hitze, gut für die Augen und zur Bekämpfung von Müdigkeit. Die Bäume werden bis zu zehn Meter hoch; die Blätter sind groß wie Teller, so daß ein einziges Blatt ausreicht, eine Kanne Tee davon zu bereiten. Obwohl der Aufguß bitter ist, hinterläßt er einen angenehm süßen Nachgeschmack.

Einer dieser Tees, der auf dem Berg Hsi Ch'iao wächst, wurde auf folgende Weise entdeckt. Die Mönche des Klosters Weiße Wolke fielen während ihrer Andachten immer wieder in Schlaf (wahrscheinlich wegen der subtropischen Hitze in dieser Region). Nach fruchtlosen Bemühungen, dagegen anzugehen, kam der Abt zu der Überzeugung, ein im Tempelhof wachsender hoher Baum könnte ein Gegenmittel liefern. Aus einem einzigen seiner Blätter bereitete er soviel Tee für die ganze Gemeinschaft, daß jeder eine kleine Schale davon bekam. Niemand mochte den bitteren Geschmack, doch blieben alle wach, und es wurde sehr spät, ehe jemand einschlafen konnte. Auf die Frage, was für einen Tee er den Mönchen gegeben habe, antwortete der Abt: «Ein-Blatt-Tee.» Später lernten die Mönche dann, die kühlende Wirkung dieses Tees zu schätzen. In Aufzeichnungen heißt es, er habe sie wach gehalten, ihren Augen Glanz verliehen, ihrer Verdauung geholfen und sie von allen möglichen Krankheiten geheilt. Natürlich verbreitete sich solcher Ruf im Lande, und dieser Tee ist seither sehr gesucht.

In einer anderen Erzählung heißt es, ein Teehändler von der Insel Taiwan, der wußte, daß er nicht mehr lange zu leben hatte, habe seinen Sohn mit dem Auftrag aufs Festland geschickt, eine Sorte Tee mitzubringen, der sich in der Gegend so gut verkaufen ließe, daß er der Familie ein gutes Auskommen sichern konnte. Der junge Mann segelte nach Fukien, das für seine guten Tees bekannt war, fand jedoch keine Sorte, die nicht schon von Taiwan importiert wurde. Als er sich gerade enttäuscht auf den Heimweg machen wollte, hörte er von einem vielversprechenden Tee, der auf Haiman wuchs. Also reiste er gen Süden, um der Sache nachzugehen – und wurde wieder enttäuscht. Betrübt sicherte er sich einen Platz auf einem Schiff, das nach Taiwan segeln sollte. Am Vorabend der Abreise besuchte ihn ein Mönch, der von seiner mißlichen Lage gehört hatte, und sagte zu ihm: «Wenn Ihr wirklich einen seltenen Tee wollt, so habe ich zwei riesige Blätter. Ein Aufguß von nur einem Teil eines Blattes stellt garantiert die Gesundheit all derer wieder her, die davon trinken. Leider übersteigt der Preis Eure Mittel. Aus Mitgefühl würde ich Euch jedoch ein Blatt davon überlassen, wenn Ihr mir dafür gebt, was Euch nach Eurem fehlgeschlagenen Abenteuer noch verblieben ist, wie klein der Betrag auch sein mag.» Der verzweifelte Jüngling holte seine Börse hervor und schüttete daraus einige Silberstücke in die Hand des Mönches. Am Morgen darauf legte das Schiff ab.

Als der Vater des jungen Mannes diese Geschichte hörte, wurde er wütend. Er nahm das kostbare Blatt an sich und wies seinen Sohn an, nicht eher nach Hause zurückzukehren, als bis er höre, daß der Vater im Sterben liege. In jenem Jahr war die Sommerhitze besonders übel. Epidemien brachen aus und forderten Hunderte von Opfern, auch der alte Teehändler war davon betroffen. Der Sohn eilte nach Hause und fand seinen Vater im Koma. Aufgeregt suchte er nach dem riesigen Teeblatt. Als er es gefunden hatte, bereitete er eine Kanne Tee für seinen Vater und für einige kranke Nachbarn. Erstaunlicherweise erholten sich alle, die davon tranken. Nur der Vater starb, ehe das Wasser für den Tee den Siedepunkt erreicht hatte.

Yün-Wu (Wolken-Nebel)

Diesen Tee nennt man auch Shih-Jui, was an sich die Bezeichnung für ein Flechtengewächs ist. Die altüberlieferte botanische Abhandlung *Pên Ts'ao* versichert, guter Tee dieser Art wachse inmitten hoher, von Wolken und Nebelschwaden verhüllter Felsengipfel. Weiter heißt es dort, dieser Tee werde zwar gewöhnlich Wolken-Tee genannt; sein korrekter Name sei jedoch Mêng-Ting. Es ist ein langsam reifender Tee, der im Frühling gepflückt und an der Sonne getrocknet werden sollte. Anderen Berichten zufolge handelt es sich nicht um einen Tee, sondern um ein Gewächs aus der Familie der Flechten mit verschiedenen medizinischen Eigenschaften. Möglicherweise hat es da eine Verwechslung gegeben zwischen einem Tee und einer Flechte, die zufällig denselben Namen hat, denn es scheint erwiesen, daß ein seltener Tee mit dem Namen Shih-Jui, der von buddhistischen Mönchen und taoistischen Einsiedlern wegen seiner heilenden Eigenschaften gelobt wurde, seinerzeit im Muang-Shan-Gebirge gepflückt wurde. Dessen Berge erstrecken sich bis in die Provinzen Chekiang,

Kiangsi und Anhui, wo man gelegentlich Tee dieses Namens kaufen kann.

Es wird auch berichtet, eines Tages sei ein taoistischer Einsiedler in die Stadt gekommen und habe einer Firma in Anhui etwas Wolken-Nebel-Tee angeboten mit der Versicherung, dieser sei von bester Qualität. Noch bevor er den Handel abschließen konnte, kam ein buddhistischer Mönch herein. Er bot «allerbesten» Wolken-Nebel-Tee zum Verkauf, den er auf einem anderen Gipfel desselben Gebirgszuges gepflückt hatte. Der Geschäftsführer wollte keinen der beiden Anbieter beleidigen und verlangte, jeder solle aus seinen Blättern Tee aufgießen, damit man vergleichen könne. Als das Wasser zu kochen begann, goß der Mönch etwas in eine Trinkschale, warf eine Handvoll Blätter hinein, die mit einem weißlichen Flaum bedeckt waren, und legte den Deckel darauf. Nach der Zeit, die es braucht, ein Räucherstäbchen abzubrennen, hob er den Deckel ab, wobei aus dem Gefäß ein weißer Nebel bis zu einer Höhe von fast einem Meter aufstieg und einen feinen Duft hinterließ. Der Mönch füllte mehrere Schalen mit dem Aufguß und bot das Getränk dem Geschäftsführer und mehreren Anwesenden an. Alle waren begeistert. Dann bereitete der taoistische Einsiedler seinen Tee. Als er den Deckel hob, entströmte dem Gefäß eine Dampfwolke, die die Gestalt eines hübschen Mädchens annahm. Die Gestalt dehnte sich zunächst aus und zog sich dann zusammen, bis sie sich schließlich auflöste.

Der Mönch, der sicher war, den Wettbewerb verloren zu haben, sagte mißgelaunt: «Dieses eigenartige Phänomen bedeutet keineswegs, daß sein Tee von besserer Qualität ist als meiner. Das war nur ein taoistischer Zaubertrick.» Der Einsiedler lachte spöttisch und verließ den Raum, wobei er verächtlich den Staub von seinem Ärmel streifte. Auch der Mönch nahm seinen Sack voller Teeblätter und schlurfte verärgert aus dem Laden. Der verblüffte Geschäftsführer war sprachlos. Ehe er daran denken konnte, für beide Teesorten ein Angebot zu machen, waren die heiligen Männer verschwunden.

Niao-Yu *(Von den Vögeln zurückgelassen)*

Sollte dieser Tee überhaupt existiert haben, so hat man ihm auf keinen Fall viel Gutes nachgesagt. Doch wurde viel darüber geschrieben, wie er zu seinem Namen kam. Daß Teeblätter, die auf für Mensch und Tier unzugänglichen Gipfeln wachsen, gelegentlich von Vögeln zum Nestbau oder zum Füttern der Jungen benutzt werden, muß nicht unglaubhaft sein. Sollten jedoch Berichte zutreffen, man habe Vögel mit Pfeilen geschossen, um an die wenigen Blätter heranzukommen, kann die so erlangte Menge kaum sehr bedeutend gewesen sein. In der Provinz Fukien jedoch, wo auf hohen Gipfeln wachsender Tee etwas ganz Normales ist, gibt es einen Tee dieses Namens, der Vögel derart anlockt, daß die Landbevölkerung nur noch das einsammeln kann, was die Vögel übriglassen.

Es gibt da eine Geschichte von einem Ehepaar namens Ch'ên, das sich seinen Lebensunterhalt durch das Sammeln von wildem Tee verdiente. Eines Tages fanden die beiden einen verletzten Vogel, nahmen ihn mit nach Hause und pflegten ihn. Als er sich erholt hatte, ließen sie ihn fliegen und dachten nicht weiter an ihn. Bald danach hatten beide denselben Traum, in dem ihnen eine schwarze Gestalt erschien und zu ihnen sprach: «Ich bin der König der Elstern auf diesem Berg. Als ich einmal nicht aufpaßte, wurde ich im Flug von einem Adler angegriffen und wäre umgekommen, wenn ihr euch nicht meiner angenommen hättet. Zur Belohnung gedenke ich euch reich zu machen.» Nach dem Erwachen sprachen beide über ihren Traum. Frau Ch'ên sagte: «Ich hätte niemals gedacht, daß es sich um einen königlichen Vogel handelte. Wie dem auch sei, ich kann mir nicht denken, wie ein

Vogel uns reich machen könnte.» Darauf ihr Mann: «Warum sollen wir darauf hoffen? Wir haben sein Leben gerettet, ohne an eine Belohnung zu denken. Da brauchen wir auch jetzt keine zu erwarten. Solange wir von einem Tag zum anderen unser Auskommen haben, ist es genug.»

Vor der Morgendämmerung des folgenden Tages hörten sie Lärm vom Hof. Es begann mit dem Zwitschern einiger Vögel; bald jedoch hockten Tausende dieser Geschöpfe auf Fensterbrett, Dach und den Zweigen der im Hof wachsenden Bäume. Zu aufgeregt, um sich hinauszutrauen, überlegte das Ehepaar, ob diese Invasion Gutes oder Böses bedeutete. Kurz vor Sonnenaufgang entfernten sich die Vögel, bis es auf einmal ganz still war. Beruhigt ging das Paar nach draußen und fand den mit Ziegeln ausgelegten Boden des Hofes übersät mit duftenden Teeblättern von einer Qualität, wie sie ihnen besser noch nie begegnet war. Freudig sammelten sie die Blätter auf und machten sie fertig zum Rösten. Am nächsten und übernächsten Morgen wiederholte sich der Vorgang. Da sich viele tausende Vögel an dieser Aktion beteiligten, kam genug Tee zusammen, um nach dem Verkauf in der Hauptstadt ein gutgehendes Geschäft eröffnen zu können.

Lü-Yen (Rückgrat-Kliff)

Tee und Kliff leiten ihren Namen beide von Lü-Tung-Pin ab, dem Oberhaupt der Acht Unsterblichen. Diese historische Gestalt war ein gelehrter Poet aus der Zeit der T'ang-Dynastie, dem man später zuschrieb, er habe diesen unglaublich köstlichen Tee angebaut und verarbeitet. Nachdem er in die Reihen der Gelehrten aufgenommen worden war, bemühte sich Lü dreimal erfolglos um einen der höheren Grade. 691 n. Chr., im Alter von vierundvierzig Jahren, machte er sich erneut auf den Weg zur Hauptstadt, da sein Vater ihn aufgefordert hatte, noch einen Versuch zu unternehmen. Bis zu diesem Punkt seiner Laufbahn dürfte es sich um historische Fakten handeln, das Folgende hingegen gehört in den Bereich der Legende.

Eines Abends kehrte er in eine Straßenschenke ein, setzte sich auf eine Bank und führte ein lautes Selbstgespräch: «Ach, wann werde ich endlich hoch genug steigen, um auf andere Eindruck zu machen? Ach, wann werde ich den WEG (das Tao) erreichen und mit mir selbst zufrieden sein?» Lächelnd sprach ihn ein neben ihm sitzender Mann an: «Wollt Ihr wirklich die Welt verlassen und den WEG beschreiten?» Lü wandte sich um und erblickte einen einfach gekleideten alten Mann mit bemerkenswert langen Augenbrauen. Er trug nicht nur den Stab und die Kalebasse der Taoisten; sein ganzes Aussehen ließ erkennen, daß er ein Weiser mit übernatürlichen Kräften war. Bevor Lü ein Wort sagen konnte, stand der Fremde auf und machte sich daran, folgende Verse an die Wand zu schreiben:

Ob im Sitzen oder Liegen, hab einen Becher Wein zur Hand.
Warum bemühst du deine Augen, die Pracht der Städte zu bewundern?
Der Himmel schenkt Gnade dem, der keinen Ehrgeiz zeigt;
Sorglose Müßiggänger sind die feinsten aller Kerle.

Lü war so beeindruckt, daß er sich tief vor dem Taoisten verneigte, ehe er wagte, nach dessen Namen zu fragen. «Mein Familienname ist Bell und mein persönlicher Name Wolkenzimmer», antwortete der andere. Man unterhielt sich nun über alles mögliche, auch darüber, daß das Leben ein Traum sei. Der Taoist entschuldigte sich dann mit der Bemerkung, er wolle in der Küche für beide einen Hirsebrei zubereiten. Um das Warten zu überbrücken, legte sich Lü auf die Bank und fiel sofort in einen Tagtraum, in dem, wie im Zeitraffer, das ganze Leben eines anderen Mannes vor ihm ablief. Diesem geschah folgendes: Er bestand in jungen Jahren die staatlichen Examen, erhielt einen Beamtenposten und wurde bald danach befördert. Dann, wegen der Kränkung eines Vorgesetzten, wurde er auf einen unbedeutenden Posten in der Provinz strafversetzt. Es folgte ein neuer Aufstieg, diesmal als Minister. Drei Ehefrauen, die alle aus angesehenen Familien stammten, schenkten ihm mehrere Söhne, die ihrerseits hohe Hofbeamte wurden. Dann fiel der Mann erneut in Ungnade. Sein gesamtes Vermögen wurde konfisziert, er selbst bis zum Lebensende auf einen kleinen Posten in einer Grenzregion versetzt. Der Traum endete damit, daß ihm sein Pferd abhanden kam und er verlassen in einem Schneesturm durch die Gegend irrte. Als Lü erwachte, war die Mahlzeit immer noch nicht fertig, doch der Taoist war aus der Küche zurückgekehrt. Offensichtlich kannte er den Traum in allen Einzelheiten, denn er bemerkte vielsagend: «Ihr seht, so ist nun einmal das Leben.» Da bat Lü den heiligen Mann, ihm als Schüler folgen zu dürfen. Doch der Taoist sagte traurig: «Euer schlimmes Karma ist noch nicht vollendet.» Mit diesen Worten ging er seines Weges.

Nachdem Lü in der Hauptstadt angekommen war, begann sein Leben so abzulaufen, als sei er in seinen bösen Traum zurückgekehrt. Nach einiger Zeit sagte er fest entschlossen: «Genug davon. Jetzt reicht es!» Sofort gab er seinen Posten auf, kehrte in die Heimat zurück und zog mit seiner Familie in die Berge, um dem WEG zu folgen. Schließlich erlangte er Unsterblichkeit und wurde zum Begründer einer langen Linie von Taoisten.

Hsien-Yai (Feen-Kliff)

Man nennt ihn auch Hsien-Jên-Tee, was soviel wie «Tee der Unsterblichen» bedeutet. Eine Überlieferung besagt, ein Tee dieses Namens sei im Gebiet des P'êng-Gebirges in Szechwan angebaut worden. Eine besondere Sorte vom Tan-Ch'iu-Berg soll dazu geführt haben, daß denjenigen, die ihn tranken, Flügel wuchsen. So gerne ich an seltsame Geschichten glaube – bei dieser fällt es mir schwer, sie für wahr zu halten.

Pi-Lo-Ch'ün (Jade-Frühling)

Diesen Tee kennt man auch unter dem Namen «Schleichender Jade-Frühling». Niemand kann die Bedeutung dieses seltsamen Namens erklären. Der Tee wuchs auf dem östlichen Gipfel des Tung-T'ing-Gebirges, nahe dem T'ai-Hu-See, nördlich von Shanghai in der Provinz Kiangsu. Früher einmal nannte man ihn «Fürchte-dich-zu-Tode-Tee».

Vor langer Zeit waren Bauern damit beauftragt, diesen Tee zu pflücken. Nachdem sie ihre Körbe gefüllt hatten, pflückten sie weiter und versteckten die Blätter in ihrer Kleidung, um sie heimlich zu verkaufen. Doch sie waren von der schweren Arbeit so erhitzt, daß die versteckten Blätter unter dem Einfluß des Schweißes faulig wurden, so daß ein Vorbeigehender ausrief: «Der Gestank von diesem Tee bringt mich noch um!» Man sprach überall von diesem Vorfall, was dazu führte, daß der Tee seinen merkwürdigen Namen erhielt. Jahrhunderte später trank der Manchu-Kaiser K'ang Hsi (1662–1774) während seiner bekannten Reise durch die südlichen Provinzen von diesem Tee und fand ihn köstlich. Doch der häßliche Name verursachte ein Stirnrunzeln des Monarchen. K'ang Hsi war es, der dem Tee seine jetzige Bezeichnung gab und ihn in den Rang eines wichtigen Tribut-Tees erhob.

7 TEE UND TAO

Obwohl der durchschnittliche chinesische Teeliebhaber für poetische Assoziationen sehr wohl empfänglich ist – jadegrüne Knospen, wolkenverhangene Berge, sprudelnde Quellen, eigenartige Legenden, entzückende Keramiken –, würde er wohl doch höchst erstaunt sein, wollte man ihn nach den spirituellen Implikationen des Teetrinkens fragen. Dennoch sollten wir uns nicht zu der Annahme verleiten lassen, solche Implikationen gebe es nicht. Während die gebildeten Schichten in China von jeher zum Agnostizismus neigten und hinsichtlich übernatürlicher Kräfte stets beträchtliche Zweifel hegten, deutet ihre ehrfürchtige Liebe zur Natur in ihren ungezähmten Aspekten auf ein tiefes spirituelles Gefühl hin. Im Tiefsten sind sie davon überzeugt, daß das Leben selbst mit spiritueller Bedeutung durchsetzt ist, dahinfließend in Übereinstimmung mit geheimnisvollen Naturgesetzen, die sich in zyklischer Wiederkehr manifestieren. Wer ein guter Mensch sein will, muß daher aus dem vollen leben und es dabei vermeiden, anderen absichtlich Schaden zuzufügen. Hymnen zu singen wird ebenso abgelehnt wie zu einer Gottheit zu beten, die, da sie eher als moralisches Prinzip denn als wirkliches Wesen verstanden wird, ohnehin nicht zu beeinflussen wäre. Doch wird diese «Religion», wenn man sie so nennen darf, eher *gefühlt*, als daß man über sie spricht oder nachdenkt. Die japanische Redewendung vom «Tao des Tees» erscheint gebildeten Chinesen daher prätentiös.

In gewisser Weise bedaure ich das, denn angeregt von Fritjof Capras *Das Tao der Physik* hatte ich ursprünglich daran gedacht, meinem Buch den Titel *Das Tao des Tees* zu geben. Dann hätten sich meine chinesischen Freunde jedoch gefragt, ob ich wirklich etwas von der chinesischen Tee-Kunst verstünde, deren entscheidende Elemente Entspannung, Ungezwungenheit und äußerste Einfachheit sind. Diese ursprünglich von Gelehrten, Dichtern und Liebhabern schöner Dinge entwickelte Kunst ist nicht erkennbar spirituell, es sei denn in dem Sinne, daß alle Formen von Kunst Ausdruck der höheren Bestrebungen des menschlichen Geistes und daher erhebend sind.

Ganz gewiß haben taoistische Einsiedler und buddhistische Mönche eine wichtige Rolle bei der Entwicklung der Tee-Kunst gespielt. Es ist jedoch zweifelhaft, ob sie ihr eine tiefergreifende spirituelle Bedeutung beimaßen, als sie im Grunde jedem Aspekt des Lebens als Ganzem inhärent ist. Während langer Aufenthalte in buddhistischen Klöstern habe ich beobachtet, daß man meditierenden Mönchen Tee als praktische Hilfe zum Wachbleiben reichte und daß die vorgeschriebenen Gesten beim Überreichen, Annehmen und Trinken des Tees solchen Augenblicken mehr Feierlichkeit verliehen. Außerdem habe ich gelesen, daß der berühmte Zen-Meister Pai Chang in der T'ang-Ära einige Teeregeln in seinen Kodex klösterlicher Verhaltensformen einbezog. Dazu muß man jedoch erwähnen, daß Feierlichkeit und Anstandsregeln bei allen klösterlichen Praktiken des Zen beachtet werden, so daß nichts davon als Stütze der Vorstellung eines chinesischen Tao des Tees gewertet werden kann. Andererseits brachten japanische und koreanische Mönche, die China während der T'ang- und der Sung-Ära besucht hatten, in ihre Heimat das Kernstück dessen zurück, was die Koreaner später zu einem verhältnismäßig einfachen Ritual entwickelten, die Japaner zu ihrer sehr ausgefeilten *chanoyu*. Somit scheint es möglich, daß es in jener weit zurückliegenden Zeit in chinesischen buddhistischen Klöstern eine Art von Tee-Ritual gegeben hat.

Die Verbindung zwischen taoistischen Einsiedlern, buddhistischen Mönchen und Tee war weitgehend vom Zufall bestimmt. Während ihrer langen Aufenthalte in den Bergen, wo sie engen Kontakt mit der Natur suchten, studierten taoistische «Wolkenwanderer» die Eigenschaften von Moosen, Pilzen, Kräutern und Pflanzen jeder Art. Vermutlich waren sie deshalb die Urheber der in alten Zeiten weitverbreiteten Verwendung von *gekochtem* Tee für medizinische Zwecke. Später bauten die Taoisten sich schöne Einsiedeleien und die Buddhisten attraktive Klöster an Orten, fern «von der Welt des Staubes». Chinesische Staatsmänner, Gelehrte und Literaten zogen sich oft zu längeren Aufenthalten in diese abgelegenen, jedoch insgesamt angenehmen Klausen zurück. Ihr Interesse an guten Teebäumen und klarem Wasser übertrug sich auch auf die heiligen Männer. Diese lernten einerseits, den Tee um seiner selbst willen zu schätzen. Andererseits entdeckten sie, daß sie als Besitzer von Grund und Boden, auf dem es Teebäume und sprudelnde Quellen gab, genug erwirtschaften konnten, um die klösterliche Gemeinschaft kleiden und ernähren zu können. In überlieferten Teegeschichten treten sie ausschließlich in dieser Eigenschaft auf.

Meine Nachforschungen in Korea beruhten auf der Erkenntnis, daß die koreanischen Mönche die chinesischen Traditionen auch heute noch mit größerer Treue bewahren als etwa die Japaner, die, obwohl sie ausländische Elemente freizügig in die eigene Kultur aufnehmen, dazu neigen, jene während dieses Prozesses weitgehend zu verändern.

Um das spezielle Bindeglied zwischen Buddhismus und Teegenuß in Korea zu verstehen, müssen wir einen kurzen Blick auf die Geschichte des Tees in diesem Lande werfen. Anschließend werden wir typische koreanisch-buddhistische Verhaltensweisen bezüglich des Tees betrachten. Man kann nicht mit Sicherheit sagen, wie weit sich darin Gewohnheiten aus dem China der Sung-Ära spiegeln. Doch stehen die Zen-Klöster in den koreanischen Bergen den Sung-Traditionen vermutlich näher als alles, was in China noch existiert, seitdem der letzte Sohn des Himmels vom Drachenthron gestiegen ist.

Ein Überblick über die Geschichte des Tees in Korea

Die Periode der Drei Königreiche (55–668)

Es mag sein, daß bereits während dieser Zeit Tee getrunken und als Opfergabe verwendet wurde; doch sind die Berichte darüber rar und gelten als Legenden. Wie in China hat es auch hier Verwechslungen gegeben zwischen *t'u*, einem bitteren Kraut, und *ch'a* (Tee), da die Schriftzeichen für beide fast identisch sind.

Die Periode des Vereinigten Silla (668–935)

Sie entspricht in etwa der Zeit der T'ang-Dynastie. Ein koreanischer Abgesandter namens Kim Taeryom kehrte aus China mit Teesamen zurück, den er auf dem im südlichen Korea gelegenen Berg Chiri anpflanzte. Seit jener Zeit gab es in Korea neben dem importierten auch selbstangebauten Tee. Den Statuen Buddhas und den Votivtafeln der Geister der Vorfahren wurden regelmäßig Opfergaben von Tee dargebracht. Außerdem wurde Ziegeltee für medizinische Zwecke verwendet. Man bereitete ihn aus gedämpften und gepreßten Blättern, die längere Zeit gekocht wurden. Koreanische Quellen behaupten, ein Mönch namens Yongri aus dem Gebiet von Paekche habe im Jahre 623 n. Chr. den Buddhismus und den Tee in Japan eingeführt. Im achten Jahrhundert besuchte ein «Tee-

Unsterblicher» (sicher ein chinesischer Taoist) Korea und versicherte, daß die in den Provinzen Silla, Paekche und Koguryo erzeugten Tees – in dieser Reihenfolge – unmittelbar hinter den feinsten Tees rangierten, die in seiner Heimatprovinz wuchsen.

Zu jener Zeit gab es spezielle Teehäuser, auf deren Dachziegeln das Schriftzeichen für Tee eingraviert war. Dort pflegten Aristokraten, um ein Buddhabild herum sitzend, Tee zu trinken. Außerdem wurde Tee bei gesellschaftlichen Anlässen gereicht, bei Hochzeiten, Beerdigungen, Gedächtnisfeiern und bei Empfängen für hohe Besucher. Diese gesellschaftlichen Gepflogenheiten wurden in den darauffolgenden Perioden beibehalten.

Die Koryo-Periode (935–1392)

Sie entspricht der Zeit der Sung- und der (mongolischen) Yüan-Dynastie. Tee wurde von Teeziegeln kurz vor dem Aufgießen abgeschabt und aus größeren Schalen als während der vorangegangenen Perioden getrunken. Einige Informationen sagen, Teegenuß sei damals weit verbreitet gewesen; andere dagegen behaupten, er sei überwiegend der Aristokratie und den oberen Klassen vorbehalten geblieben. Dem König wurde jeden Morgen zeremoniell Tee gereicht, und einmal im Jahr kümmerte er sich symbolisch um die Teeplantagen. Im Teeraum des Palastes wurde das Tee-Ritual höchst kompliziert und von Musik begleitet vollzogen. Tee-Zeremonien wurden an allen denkwürdigen Tagen im Leben der königlichen Familie, bei diplomatischen Empfängen und anderen wichtigen Anlässen abgehalten. Die Aristokraten ließen Tee geehrten Gästen reichen, genossen ihn aber auch, genau wie die gelehrten Beamten Chinas, in ihren Mußestunden, vor allem bei Besuchen landschaftlich schöner Plätze. Die Mönche benutzten Tee als Opfergabe und um sich beim Meditieren wach zu halten. Das gemeine Volk mußte den größten Teil der Tee-Ernte als Steuer abführen. Das wenige, was die Leute für sich behalten durften, kochten sie auf und verwendeten es als Heilmittel gegen Kopfschmerzen, Erkältungen und allgemeine Erschöpfung. Die von China übernommene Tee-Kunst wurde dann ein machtvoller Anreiz für die Entwicklung der weltbekannten Koryo-Keramik. Im Laufe der Zeit jedoch wurde das Zeremoniell übertrieben raffiniert und das Ritual auf ermüdende Weise kompliziert, so daß beides an Volkstümlichkeit verlor.

Die Yi-Periode (1392–1910)

Sie entspricht der Ära der Ming- und Ch'ing-Dynastien und brachte den Übergang vom bisher verwendeten pulverisierten zum Lose-Blatt-Tee. Nach dem Tode des dritten Yi-Monarchen wurde das buddhistische Hofzeremoniell abrupt durch konfuzianische Riten ersetzt und Wein zum offiziellen Getränk bestimmt – ausgenommen in Klöstern. Die abstinenten Mönche blieben beim Teetrinken, das durch die lange Verbindung mit dem Buddhismus praktisch zu einer klösterlichen Sitte geworden war. So wurde die Tee-Kunst beibehalten, wenn auch in einfacher, schmuckloser Form. Da die Aristokraten wenig Neigung zeigten, dem von Amts wegen abgelehnten Getränk zu entsagen, erhob die neue, im konfuzianischen Stil herrschende Regierung eine hohe Teesteuer, wodurch sie die meisten Klöster nötigte, ihre Tee-Erzeugung zu verringern oder gar einzustellen. Nur im Süden überlebten einige Teeplantagen. Der Teegenuß wurde somit in den Klöstern eingeschränkt, bis er gegen Ende der Dynastie teilweise wiederbelebt wurde. Der Herrscher Ch'oui Sŏn Sa (1786–1866) betonte die Zusammengehörigkeit von Tee und Meditation, indem er behauptete, daß «der höchste Zustand des Teetrinkens und der der Meditation identisch sind».

Lehren aus der koreanischen Teegeschichte

Es zeigt sich also, daß in Korea Tee und Buddhismus in einer engeren Beziehung standen, als das in China jemals der Fall war. Das Studium koreanischer Quellen vermag uns vielleicht einen Einblick in spezifisch buddhistische Vorstellungen vom Tee während der Sung-Ära zu vermitteln, auch wenn keines der vielen chinesischen Bücher über Tee, die ich gelesen habe, die Existenz solcher Vorstellungen bestätigt. Ihr Schweigen zu diesem Punkt kann natürlich darauf zurückzuführen sein, daß es unter ihren Autoren keine buddhistischen Mönche gab.

Allgemeines

Werfen wir zunächst einen Blick auf das, was meine koreanischen Informationen über Tee selbst zu sagen hatten. Der Ehrwürdige Sonhae Sŭnim stellt fest: «Grüner Tee wird wegen seiner Subtilität anderen Getränken vorgezogen. Um ihn voll und ganz zu genießen, muß der Geist ruhig und frei von ablenkenden Gedanken sein. Jemand, der zwanzig Jahre oder länger Tee getrunken hat, kann den Geisteszustand erlangen, dessen es bedarf, um Tee jederzeit zu schätzen.»

Der Ehrwürdige Pŏpchŏng Sŭnim erklärte:

> Um festzustellen, ob ein Tee gut ist oder nicht, sollte man die Farbe, den Duft und den Geschmack des Aufgusses prüfen. Die vollkommene Farbe ist die der ersten Blätter im Frühling; der Duft ist der eines kleinen Kindes. Der Geschmack läßt sich nicht beschreiben, seine Einschätzung bedarf der Erfahrung. Tee wird getrunken, um den Durst zu stillen, seines Geschmacks wegen oder einfach, um sich an schöner Keramik und der allgemeinen Atmosphäre, die beim Teetrinken entsteht, zu erfreuen. Das einzige, was dabei notwendig ist, ist ein Gefühl der Dankbarkeit. Die

Natur des Tees selbst ist die des «kein Geist». Es gibt keine Unterschiede. Der Tee *ist* einfach.

Das Zeremoniell

Über das beim Teetrinken wünschenswerte Zeremoniell waren meine koreanischen Freunde unterschiedlicher Ansicht. Insgesamt neigten sie jedoch zu der Auffassung, das Zeremoniell sei im Vergleich zur Haltung unwichtig. Doch schreibt der hochgelehrte Han Ungbin folgendes:

Im Buddhismus spricht man oft vom «Wesentlichen» (Essenz) und der «Funktion». Die Essenz stellt das sich nicht Bewegende, das Fundamentale dar. Es ist mit der linken Seite assoziiert, während die das sich Bewegende und Aktive darstellende Funktion der rechten zugeordnet ist. Obwohl die linke Seite das Wesentliche repräsentiert, stellt sie nicht das Absolute dar. Erst aus der Harmonie zwischen dem Wesentlichen und der Funktion entsteht «der rechte mittlere Weg». In Korea wird heute das Feuer, das für den Teeaufguß benötigt wird, rechts vom Bedienenden plaziert. Da Feuer jedoch nicht wirklich aktiv ist, sollte es eigentlich unmittelbar vor den Servierenden gestellt werden. Das, was unbeweglich ist, die Teetassen beispielsweise, sollte auf der linken Seite des Bedienenden stehen, da die Tassen zum Wesentlichen gehören. Sobald man die Tasse zum Trinken anhebt, geraten Funktion und Wesentliches in Harmonie. Die meisten Lehrer der Tee-Zeremonie im heutigen Korea sind sich dieser wichtigen Punkte nicht bewußt.
Des weiteren sollten die Gäste nach Westen und der Gastgeber nach Osten blicken. Der Platz mit Blickrichtung Süden sollte dem König vorbehalten bleiben. Im Orient ist es nicht üblich, daß die Leute im Kreis sitzen. Idealerweise sollte Tee drei Gästen serviert werden. Der Älteste der drei

sollte dem Gastgeber gegenübersitzen, der Nächstältere zu seiner Linken und der Jüngste zu seiner Rechten. Der Älteste wird mit der Sonne verglichen, der Zweitälteste mit dem Mond und der Jüngste mit einem Stern. Auch diese Sitte wird bei den heutigen Tee-Zeremonien in Korea meist mißachtet.

Diese rituellen Vorschriften sind detaillierter als alles, was mir je in China im Zusammenhang mit Tee zu Ohren gekommen ist. Es kann jedoch sein, daß man sie während der Sung-Ära in einigen chinesischen Klöstern befolgt hat, denn zu jener Zeit neigten chinesische offizielle und gesellschaftliche Rituale zu ebensolchen oder sogar noch weitergehenden Details.

Die moderne Praxis in Korea

Heute ist Teetrinken in Korea keineswegs allgemein üblich. Zu den Mahlzeiten wird gewöhnlich Reiswein, Reisschnaps oder der heiße Aufguß einer anderen Getreidesorte serviert, der wie Gerstenwasser schmeckt. Doch beschäftigen sich einige Damen mit einer Form der Tee-Kunst, deren Eigenarten ganz und gar traditionell sein mögen, obwohl die Vorliebe für archaisches Zubehör, die gewisse Feierlichkeit und der rituelle Anschein des Verfahrens auf den Einfluß der japanischen Tee-Zeremonie hinweisen könnte. Es werden jedoch Teeblätter statt Teepulver verwendet, und die Benutzung von Teeschalen aus Keramik und von Tabletts aus Lack erinnert an die Sitten der Sung-Dynastie in China.

Buddhistische Mönche trinken allerdings regelmäßig Tee, wenn auch nicht in der Meditationshalle, wie es bei den Zen-Mönchen in China üblich war. Der Tee wird ohne jedes Ritual zubereitet. Doch zeugen Haltung und Gesten der Mönche beim Zubereiten und Trinken von einer Kultiviertheit, die an das oft unbewußt rituelle Verhalten chinesischer Gelehrter zur

Zeit des Himmlischen Kaiserreiches erinnert. Kessel, Teekanne und henkellose Tassen werden genauso benutzt wie in China, jedoch mit einem Unterschied: Zuerst wird das kochende Wasser in eine Schale gegossen und bleibt darin stehen, während Teeblätter über kurze Bambusspitzen in die Kanne gleiten. Danach wird das Wasser aus der Schale in die Kanne gegossen. Das läßt darauf schließen, daß die Sorte des hierbei verwendeten grünen Tees ihren Geschmack schon in einem Wasser entfaltet, das keinesfalls mehr auf dem Siedepunkt ist.

Spirituelle Implikationen

Wir kommen jetzt zum Wesentlichen, nämlich zu den spirituellen Implikationen der Tee-Kunst. Meine koreanischen Informanten betonten mit Nachdruck, daß Teetrinken zur Kultivierung so traditioneller Tugenden wie Gleichmut, Ruhe, Harmonie, Reinheit, Klarheit und Einfachheit führt oder beiträgt, ferner zu konfuzianischen Tugenden wie Maßhalten und gewissen Anstandsregeln, mit anderen Worten, zum Vermeiden von Extremen. Es gibt noch andere bemerkenswerte Äußerungen zu diesem Thema, darunter die folgende von Pŏpchŏng Sŭnim:

> Tee gilt als ein WEG (Tao), weil er zu den Dingen gehört, die man über das Gefühl und nicht durch verbale Instruktion zu würdigen lernt. Nur wer einen Zustand von Gelassenheit bewahren kann, wird auch fähig sein, die dem Tee innewohnende Ruhe zu würdigen. Ein aufgeregter Mensch wird niemals die Stille des Tees erkennen. Aus diesem Grunde heißt es: «Tee und Meditation haben *einen* Geschmack.» Ist die Meditation eines Menschen nicht auf einen einzigen Punkt gerichtet, wird man die wahren Eigenschaften des Tees nicht erkennen.

An Kwangsŏk schreibt hierzu:

> Wie kann man über Tee sprechen, ohne etwas von Meditation zu verstehen? Denn Tee und Meditation hinterlassen denselben Geschmack – den Geschmack von Liebe und Mitgefühl, die das Endergebnis von Harmonie und Gleichmut sind. Das Wesentliche ist, die sechs Aspekte der Harmonie zu pflegen; nur dann kann man ein wahrer «Freund des Tees» sein.

Die sechs Aspekte der Harmonie werden so definiert:

1. Miteinander in physischer Harmonie leben.
2. Im eigenen Reden harmonisch sein und keinen Mißklang schaffen.
3. In Harmonie arbeiten, um gemeinsame Ziele zu erreichen.
4. Sich im Einklang mit der eigenen Religion oder der eigenen Lebensanschauung in Harmonie mit den Regeln ethischen Verhaltens benehmen.
5. Die eigene Lebensanschauung harmonisch bewahren, indem man sich gegenüber den Anschauungen anderer offen und empfänglich zeigt.
6. Gleichmäßige Nutzung aller Vorteile, die man erringt.

Besonders eindrucksvoll sind die Worte des Zen-Meisters Kyonbong Sŭnim, der vor einiger Zeit im Alter von neunzig Jahren starb. Er schrieb: «Im Geschmack einer einzigen Tasse Tee wird man die Wahrheit aller zehntausend Formen des Universums entdecken. Es fällt schwer, diesen Geschmack in Worten auszudrücken oder auch nur eine Andeutung davon zu geben.» Sein Schüler Myong-chong Sŭnim erinnerte daran, daß der Meister niemals Tee auf formelle oder komplizierte Weise trank. Nach dem Essen pflegte er Tee so zu trinken, wie man Wasser trinken würde.

Mein Freund Stephen Batchelor hat liebenswürdigerweise

mehrere Gespräche mit koreanischen Teeliebhabern für mich geführt, mit Mönchen wie mit Laien. Bei der Lektüre seiner Berichte war meine erste Reaktion: «Das ist zuviel! Die Tugenden, die diese Menschen dem Tee zuschreiben, überschreiten jedes Maß!» Bei genauem Nachdenken sah ich jedoch ein, daß diese Koreaner – in denen vielleicht die Gefühle chinesischer Mönche aus der Sung-Ära weiterleben – tatsächlich nicht übertrieben hatten, sondern daß man ihre Äußerungen im richtigen Zusammenhang betrachten mußte. Natürlich wird der bloße Akt des Trinkens nichts bewirken, was über geistige Ruhe und ein fast magisches Gefühl körperlichen Wohlbehagens hinausgeht. Spirituelle Tugenden müssen über mehrere Jahre hinweg kultiviert werden. Es ist wohl so, daß Teetrinken, Meditation und das Kultivieren höchster Tugenden Teil eines besonderen mönchischen Lebensstils waren und sind. Diese drei Elemente wirken zusammen, wobei Tee eine symbolische Rolle spielt, teilweise jedoch auch eine chemische, indem er einen Zustand erhöhten Gewahrwerdens und eine Stimmung ruhigen Nachdenkens schafft.

Man sollte erkennen, daß man Tee um seiner selbst willen trinkt und nicht, um dadurch einen höheren Zweck zu erreichen. Denn nur so kann der Trinkende dazu gelangen, «das Sonnenlicht, den Wind und die Wolken zu schmecken». Das ist ein typisches Empfinden von Taoisten und Jüngern des Zen: Leben heißt *sein* und *tun* (was am ehesten dem Hier und Jetzt entspricht), nicht über den eigenen Seinszustand und die eigenen Handlungen nachdenken und philosophieren. Im Gegensatz zu Alkohol oder Drogen steigert Tee waches Empfinden, statt es zu trüben, und birgt in sich das Wesentliche von Sonnenlicht und feuchtem Nebel, den Geist sprudelnder Bergquellen und einen angenehm irdischen Geschmack. Dagegen könnte man einwenden, ein simpler Kohlkopf sei um nichts weniger ein Produkt von Himmel und Erde. Das stimmt, doch besitzt er nicht diesen besonderen Zauber, durch den Tee Einklang mit der Natur und ein Gefühl der Brüderlichkeit den Mitmenschen gegenüber bewirkt.

Sitzt man ruhig da und achtet auf das sanfte Prasseln eines Holzkohlenfeuers, lauscht dem Singen des Wasserkessels und dem Geräusch, das entsteht, wenn die Flüssigkeit von einem Gefäß in ein anderes gegossen wird, dann mag man spüren, daß dies das Säuseln des Windes in den Kiefernbäumen wiedergibt, das melodische Knarren von Bambus oder den Klang von Wasser, das aus großer Höhe herabstürzt oder in einem flachen Flußbett über Kiesel rinnt. Derartige Laute schaffen ein Gefühl für die Totalität des Seins, lassen einen das Hier und Jetzt würdigen. Die Schönheit von Form und Farbe der Keramik erzeugt ein Gefühl der Harmonie. Der frische Geruch grünen Tees erinnert an den Duft der jungen Blätter im Frühling; seine Feinheit deutet das Geheimnis und die Komplexität der Vorgänge in der Natur an.

Die anregende Wirkung des Teetrinkens bringt zwei widersprüchliche Elemente in Einklang – geschärfte Wachsamkeit und Nachlassen jeder Spannung. Die darauffolgende sanft gehobene Stimmung hat nichts Verschwommenes an sich, wie es der Alkohol mit sich bringt, und es gibt keine üblen Nachwirkungen wie im Falle von Drogen. Wahres spirituelles Leben muß einen solideren Boden haben als Glauben – nämlich unmittelbares Erfassen der Wirklichkeit, das sich nicht in Worte kleiden läßt. Wie wir bereits gesehen haben, ist die Tee-Kunst in hohem Maße poetisch und führt daher intuitiv zum Erkennen einer innigen Zusammengehörigkeit mit allen Lebewesen, Flüssen, Bäumen und Bergen. In diesem Sinne leiten sowohl der traditionelle chinesische Teefreund, der gelehrte Agnostiker und der Buddhist aus der Tee-Kunst etwas ab, was man Spiritualität nennen kann, unabhängig davon, ob sie als solche erkannt wird oder nicht.

So ist beispielsweise der Geschmack des Tees unbeschreibbar und sehr viel feiner als der von Kaffee, Schokolade, Cola-

Getränken oder Eiskrem-Sodas. Er ist einfach, was er ist – mehr kann man von ihm nicht sagen. Dennoch ist das Erlebnis des Schmeckens durchaus intensiv, ganz gleich, ob man dabei den Tee für ein Geschenk der Götter oder für ein Unkraut hält. Wenn daher ein Mönch auf die Frage «Was ist das Tao? Was ist Bodhi? Was ist unsere wahre Natur?» die prompte Antwort bekam: «Eine Tasse Tee trinken», dann hat deswegen niemand, der in der chinesischen buddhistischen Tradition oder ihren koreanischen oder japanischen Ableitungen erzogen wurde, Schwierigkeiten gehabt, das Zutreffende an dieser Antwort zu erkennen. «Es gibt keine Möglichkeit, Eure Frage mit Worten zu beantworten; doch sind wir überall vom WEG umgeben; er ist in Euch, und es liegt an Euch, ihn durch unmittelbares Gewahrwerden zu erfahren.»

So sehr konfuzianische Agnostiker oder moderne Materialisten auch über diese Art von Argumentation spotten mögen, es bleibt doch eine Tatsache, daß selbst der größte Materialist nicht vom Tao getrennt ist und getrennt sein kann. Lehnt er die Vorstellungen von Spiritualität ab und schreibt jegliche Art höherer Einsicht rein ästhetischen Reaktionen zu, nun gut. Spiritualität wird in keiner Weise dadurch abgewertet, daß man ihr ein anderes Etikett aufklebt.

Ich habe nicht die Absicht, die japanische Tee-Zeremonie in allen Einzelheiten zu erörtern. Denn erstens weiß ich nicht genug über sie, und zweitens ist sie ganz anders als die von mir bevorzugte chinesische Tee-Kunst mit ihrer Atmosphäre physischer und geistiger Entspannung. Doch verdanke ich dem Buch *Unravelling Zen's Red Thread* von J. C. Covell interessante Einblicke in die Welt eines großen japanischen Zen-Mönchs, des Ehrwürdigen Ikkyu (1393–1481). Sein Wunsch war es gewesen, zum Ideal der alten Zen-Meister der T'ang-Dynastie in China zurückzukehren, einer nicht durch Dogmen oder Rituale beeinträchtigten Freiheit. Mit diesem Ziel vor Augen bemühte sich Ikkyu nach Kräften, die japanische Tee-Zeremonie zu vereinfachen und sie auf diese Weise in Einklang mit fundamentalen Zen-Prinzipien zu bringen. Er war der Meinung, Teetrinken solle, in Verbindung mit einigen zen-philosophischen Obertönen, das taoistische Ideal erfüllen, Harmonie mit der Natur herzustellen. Das Teetrinken mußte die Form eines Rituals annehmen, weil das der Weg zum Herzen der japanischen Elite war. Doch wollte er es einfach halten und damit betonen, daß jede Handlung ihre Bedeutung hat und deshalb Gegenstand ungeteilter Aufmerksamkeit sein sollte; daß das Hier und Jetzt die Ewigkeit ist; daß jede Bewegung von Spiritualität erfüllt sein kann. Leider scheint die heute in Japan praktizierte Tee-Zeremonie kaum im Einklang mit diesem Prinzip zu stehen, auch wenn japanische Buddhisten diese Schlußfolgerung vielleicht bestreiten werden.

Lao Tsu sagt uns, das Tao übe seine wunderbaren Funktionen auf vollkommene Weise aus, ohne daß man auch nur einen Gedanken an sie verschwendet. Auch wenn chinesische Teetrinker ihre bevorzugte Kunst wohl kaum als Reflex des Tao ansehen, heißt das nicht, daß zwischen beiden nicht eine geheimnisvolle Verbindung bestünde. In dem Maß, in dem Spontaneität ein wichtiger Aspekt der chinesischen Tee-Kunst ist, reflektiert diese Kunst eindeutig das Tao, da Spontaneität im fundamentalen taoistischen Prinzip des *wu-wei* verkörpert ist, das besagt: «Es gibt keine Handlung, die nicht spontan entsteht.»

8 BERGQUELLEN, DIE FREUNDE DES TEES

Grüner Tee besitzt einen köstlichen Duft, der mehr als bei anderen Tees leicht durch Unreinheiten in dem für den Aufguß verwendeten Wasser verdorben wird oder auch dadurch, daß die Teeblätter nicht in luftdichten Behältern aufbewahrt werden beziehungsweise mit einer Substanz in Berührung kommen, die einen Eigengeruch ausströmt. Dasselbe gilt weitgehend für halbfermentierten Tee. Von der T'ang- bis zur späten Ch'ing-Ära gab es keine Wasserfilter. Deshalb ist es nicht verwunderlich, daß Teeliebhaber, die manchmal bis zu zwei Unzen Gold für ein oder zwei Unzen besonders feinen Tee ausgaben, sich in bezug auf das Wasser fast wie Verrückte benahmen. Lieber bezahlten sie regelmäßige Lieferungen des von ihnen geschätzten Wassers, das oft über Entfernungen von tausend oder mehr Meilen zu ihnen transportiert wurde, als daß sie auch nur die geringste Beeinträchtigung des Dufts ihres kostbaren Tees riskierten. In jenen Tagen, als der Transport noch von Packtieren, von durch Maulesel (oder Menschen!) gezogenen Lastkarren oder bestenfalls von langsam fahrenden Lastkähnen auf Flüssen oder Kanälen abhing, müssen die Kosten enorm gewesen sein – um so mehr, als Wasser, das in versiegelten Steinkrügen (oder Holztonnen) befördert wurde, eine schwere Last war. Bei Waren wie zum Beispiel Brandy ist es so, daß eine große Flasche lange vorhält, während ein Kessel voll Wasser, der etwa dieselbe Menge Flüssigkeit enthält, von zwei bis drei Teetrinkern in ungefähr zwanzig Minuten geleert wird.

Lu Yü, der «Tee-Gott», erklärte: «Wasser aus einem Bergquell ist das beste, danach kommt Flußwasser; Brunnenwasser ist das minderwertigste.» Von diesen drei Sorten sollte die erste einem Quell entnommen werden, der über ein felsiges Bett fließt. Die zweite sollte nur an Stellen eines Flusses geschöpft werden, an denen die Strömung schnell ist. Natürlich war in alter Zeit die Verschmutzung der Flüsse weit geringer als heutzutage. Doch selbst unter Berücksichtigung dieser Tatsache fällt es schwer, die (einander widersprechenden) Listen ernst zu nehmen, die einige Tee-Meister der T'ang- und Sung-Ära über die zehn bis zwanzig Quellen «mit dem besten Wasser unter dem Himmel» aufgestellt haben, sorgfältig unterschieden nach Qualitätsmerkmalen. Zunächst einmal hätte man *jeden* Quell «unter dem Himmel» testen müssen, um den besten bestimmen zu können. Zweitens ist es unmöglich, Geschmacksunterschiede zwischen etwa zwanzig Arten sehr reinen Wassers so festzustellen, daß man eine Rangfolge daraus ableiten könnte. In einem hatten die Tee-Meister freilich recht: daß der Geschmack feinen Tees ruiniert werden kann, wenn man ihn mit Wasser geringer Qualität aufgießt.

Wie es um ihre oft wunderbar anmutenden Fähigkeiten auch immer bestellt gewesen sein mag, jedenfalls liefern die bedeutenden Persönlichkeiten jener Zeit einen großen Schatz an Anekdoten, mit denen man Teeliebhaber erfreuen kann. Eine dieser Geschichten hat folgenden Inhalt:

Während der Sung-Dynastie litt der bedeutende Staatsmann An-Shih an einer schweren Lungenkrankheit, weshalb der Kaiser ihm gnädig einen speziellen Yang-Hsien-Tee zukommen ließ. Dieser galt damals als hervorragendes Heilmittel gegen diese Krankheit, vorausgesetzt, er wurde mit Wasser aufgegossen, das aus der Mitte der zweiten von drei Stromschnellen des Jangtsekiang geschöpft worden war. Daher befahl der Minister seinem Untergebenen Su, der sich gerade auf den Weg in die Provinz Szechwan machen wollte, auf dem

Rückweg zur Hauptstadt an der mittleren Stromschnelle haltzumachen und daraus einen großen Krug Wasser zu schöpfen. Als es schließlich soweit war, zeigte sich Herr Su von der Schönheit der Landschaft derart hingerissen, daß er seinen Auftrag vergaß. Als der ihm endlich einfiel, war sein Schiff schon dabei, in die dritte und letzte Stromschnelle einzufahren. Deshalb beschloß er, das Wasser dort zu schöpfen und es als Wasser aus der mittleren Stromschnelle auszugeben. Als er den randvollen Krug dem Minister überreichte, ehrte dieser ihn dadurch, daß er mit eigener Hand etwas Yang-Hsien-Tee für ihn aufbrühte. Gespannt wartete der Minister darauf, daß das Getränk die für diesen Tee charakteristische Farbe annahm. Plötzlich fragte er stirnrunzelnd: «Wo genau habt Ihr dieses Wasser geschöpft?» Der arme Su versicherte, es käme aus der zweiten Stromschnelle, woraufhin sein Vorgesetzter ihn streng zurechtwies: «Es ist nicht gut, einen alten, kranken Mann zu täuschen. Ganz offensichtlich habt Ihr dieses Wasser aus der unteren Stromschnelle geschöpft.» Su errötete vor Scham. Er schilderte, wie alles gekommen war, und bat demütig um Verzeihung. Doch konnte er sich nicht der Frage enthalten, wie der Minister die Täuschung habe entdecken können. «Ein Gelehrter darf niemals dem Schein trauen», antwortete dieser. «Ehe er eine Meinung äußert, muß er allen Dingen auf den Grund gehen. Aus meiner Lektüre weiß ich, daß die obere Stromschnelle zu schnell und die untere zu langsam fließt, als daß Wasser daraus einen harmonischen Charakter haben könnte. Die mittlere jedoch fließt vollkommen harmonisch, und ihr Wasser hat daher auch harmonische Eigenschaften. Wasser aus der oberen Stromschnelle würde dem Tee zuviel Körper geben, während es dem aus der unteren an Körper mangelt; dieses braucht daher so lange, um die Farbe anzunehmen, die man von einem Yang-Hsien-Tee erwartet. So konnte ich erraten, wo Ihr dieses Wasser geschöpft habt.»

Diese natürlich sehr fantasievolle Geschichte offenbart das

Vertrauen der alten Tee-Meister in ihre Fähigkeit, die Herkunft eines Wassers so genau zu bestimmen, wie abendländische Weinkenner die Lagen grosser Weine erschmecken. Es scheint ihrer Aufmerksamkeit entgangen zu sein, dass in den meisten Gebirgslandschaften der Welt zahllose Quellen erstklassiges Wasser liefern. Jedoch beruht die Tee-Kunst nicht auf wissenschaftlicher Genauigkeit. Ihr Charme rührt aus dem Reich der Poesie und würde vergehen, wollte man sie kalter wissenschaftlicher Prüfung unterziehen – genauso wie der Mond, seitdem Menschen ihn besucht und als trostlose Wüste erlebt haben, den Zauber einbüsste, den er auf Menschen ausübte, die ihn für den Wohnsitz der lieblichen Göttin Ch'ang-Ô hielten; man glaubte, sie wohne dort in einem prachtvollen Palast aus Jade, der sich inmitten einer silberweissen Landschaft erhebe, die von Eiszapfen und reinem, von keinem Fuss betretenen Schnee glitzere.

Während der Sung-Ära hatte sich die Überzeugung von der vorrangigen Bedeutung des Quellwassers überall durchgesetzt. Wasser aus Gebirgsquellen wurde so hoch geschätzt, dass man diese poetisch als «Freunde des Tees» bezeichnete, so wie man das Feuer als «Lehrer des Tees» rühmte. Die Qualität des Tees wird aber auch dadurch bestimmt, ob das dazu verwendete Wasser genau die richtige Temperatur für eine bestimmte Teesorte besitzt.

Seit der Sung-Dynastie hat man hinsichtlich der Wasserqualität folgende Rangordnung aufgestellt: 1. Wasser aus einem Bergquell, das über Felsen oder Kiesel sprudelt, die frei von Moos oder anderen Gewächsen sind; 2. Wasser aus Gebirgsquellen überhaupt; 3. Wasser aus nicht verschmutzten Quellen im Flachland; 4. Wasser aus einem schnell fliessenden Strom; 5. Brunnenwasser; 6. Sonstiges Wasser. Obwohl auch Schnee- und Regenwasser ihre Befürworter haben, ist ihre Wertschätzung nicht allgemein. Andererseits stand Tau, der am frühen Morgen von Lotosblättern gesammelt wurde, sehr hoch im Kurs, wurde jedoch selten verwendet, da es schwierig ist, so viel davon zu bekommen, daß sich damit ein Kessel füllen läßt.

Ein Teeliebhaber in alter Zeit wäre außer sich gewesen vor Entzücken, hätte er in unmittelbarer Nähe seines Hauses eine wirklich gute Quelle entdeckt. Natürlich konnten sich Einsiedler und pensionierte Beamte ihren Wohnsitz in der Nachbarschaft einer guten Quelle suchen. Beamte im aktiven Dienst jedoch mußten dahin gehen, wo man sie hinschickte. Da war es schon ein unerhörtes Glück zu nennen, was Herrn Li Tê-Yu, einem Beamten der T'ang-Dynastie, widerfuhr.

Dieser Herr Li pflegte sich seinen Wasservorrat den langen Weg vom Kloster Hui Shan in Kiangsu bis zu seinem Haus in der Provinzhauptstadt Ch'ang An schicken zu lassen – eine Reise, die Monate dauerte. Eines Tages erklärte ihm ein Mönch eines nahe gelegenen Tempels, als er ihm eine Tasse Tee servierte: «Wir können hier genau dasselbe Wasser bekommen.» «Unsinn!» antwortete Li. «Dieses Wasser lasse ich über Tausende von *li* (1 *li* = 3 Meilen) heranschaffen. Wie sollen die beiden Quellen miteinander in Verbindung stehen?» Dennoch machte er die Probe aufs Exempel. Er füllte Wasser aus zehn verschiedenen Quellen in Flaschen, darunter eine mit seinem speziellen Hui-Shan-Wasser und eine andere mit dem, das der Mönch erwähnt hatte. Dann forderte er den Mönch auf, von jeder Flasche zu probieren. Mühelos identifizierte dieser die beiden Flaschen, wonach auch Herr Li kostete und zugeben mußte, daß beide vollkommen gleich waren. Auf diese Weise ersparte er sich künftig unnötige Ausgaben.

Nach dem Übergang von der T'ang- zur Ming-Zeit hätte der Besitz einer berühmten Quelle üble Folgen haben können. Chang Tai, ein Gelehrter aus der Spätzeit der Ming-Dynastie, lebte im Bezirk «Gebirgsschatten» in einem Ort, wo die wohlhabenderen Teeliebhaber ihr Teewasser aus der eben erwähnten Hui-Shan-Quelle heranschaffen ließen. Chang war sehr betrübt, daß er sich diese hohen Ausgaben nicht leisten konnte, bis er zufällig einen kleinen Tempel mit einer Quelle entdeckte, deren Wasser ebenso weich und rein war. Unvorsichtigerweise sang er überall ein Loblied auf diese Quelle am Bambustempel, woraufhin Scharen von Teetrinkern und Weinfabrikanten aus der Nachbarschaft herbeiströmten und die stille Beschaulichkeit zerstörten. Es dauerte nicht lange, bis professionelle Wasserträger die Mönche einzuschüchtern begannen und von ihnen kostenlose Versorgung mit Reis, Gemüse und, was noch schlimmer war, Fleisch und Wein forderten – zwei Nahrungsmittel, die in chinesischen buddhistischen Klöstern streng verboten sind. Die Lage wurde so chaotisch, daß der Abt einen geheimen Tunnel graben ließ, um die Quelle mit stark verschmutztem Wasser zu verseuchen. Entsetzt schickte Chang Arbeiter zur Quelle, um den Schaden auf eigene Kosten beheben zu lassen. Doch der Abt fand erneut Mittel und Wege, das Quellwasser zu verseuchen, um endlich Ruhe zu haben. Der arme Chang suchte fieberhaft im ganzen Bezirk, in der Hoffnung, eine andere Quelle mit Wasser zu finden, das seines Lieblingstees würdig war. Schließlich fand er eine, der er den Namen Yang-Ho (Sonnenharmonie) gab. Daneben ließ er einen Pfeiler errichten, auf dem stand: «Eigentum der Familie Chang. Das Wasser dieser Quelle gehört uns. Alle Rechte vorbehalten. Dies ist eine Warnung!»

Eine ähnliche Geschichte erzählt man sich von dem Gelehrten Ch'en Mei-Kung, einem liebenswürdigen Exzentriker, der, wie viele Teeliebhaber vor ihm, alle Angebote, einen Beamtenposten zu übernehmen, ablehnte zugunsten eines Lebens, das der Poesie, der Kalligraphie und der Malerei, dem Schreiben von Essays sowie dem Abfassen eines weiteren Buches über Tee gewidmet war. Er verbrannte seine Gelehrtenrobe, das Zeichen, daß er Anspruch auf einen hohen Beamtenrang hatte, und lebte als Einsiedler in den K'unlun-Bergen

Tibets. Dort wurde er von zahlreichen Bewunderern besucht, von denen einige zu guten Freunden wurden. In einer Anekdote zum Thema Tee berichtet er, zum Tempel Südlicher Gipfel im Bezirk I-Hsing habe eine Quelle reinsten Wassers gehört, mit dem der Abt seinen geliebten T'ung-Lu-Tee aufzugießen pflegte. Eines Tages verbreitete sich das Gerücht, eine weiße Schlange habe eine verletzte junge Schlange in die Quelle fallen lassen, wonach diese sich schnell erholt habe. Aus diesem Ereignis entstanden zwei Redensarten, nämlich: «Die Quelle zur Echten Birne ist geheiligt; ihr Wasser heilt alle Krankheiten.» Und: «Die Quelle zur Echten Birne ist eine Zauberquelle; ihr Wasser schenkt langes Leben.» Es braucht wohl kaum erwähnt zu werden, daß die Leute aus der Umgebung sowie Boten von Regierungsbeamten sich bald zuhauf einfanden, um von diesem kostbaren Naß zu schöpfen, so daß die Mönche nicht mehr zur Ruhe kamen.

Aus allen alten Büchern über Tee kann man als gültige Lehre ziehen, daß feiner Tee dann wirklich vollendet schmeckt, wenn er mit Wasser aus der Nachbarschaft der Plantage zubereitet wird, auf der er wächst. Wie bereits gesagt, können Besucher von Hangchow noch heute Drachenbrunnentee mit dem Wasser einer nahe gelegenen Quelle genießen. Der bedeutende Ch'ing-Kaiser Ch'ien Lung dagegen bedauerte durchaus nicht, daß sein Palast in Peking tausend Meilen nördlich seiner Teeplantage lag, denn er war davon überzeugt, daß das Wasser aus der Jade-Quelle in der Nähe der Hauptstadt vollkommen zu seinem Tee paßte. Es bedürfte schon des Expertenurteils eines der alten Tee-Meister, um über die realtive Qualität der beiden Quellen zu entscheiden. Ganz bestimmt besitzt Pekings Jade-Quelle das klarste Wasser, das ich jemals geschmeckt habe. Der Brunnen, in den es fließt, ist außerordentlich tief, und doch kann jemand, der im Schatten einer alten Pagode auf einer Bank sitzt, die winzigsten Strukturen der den Boden bedeckenden Unterwasser-

Vegetation erkennen. Es fällt nicht schwer sich vorzustellen, daß solches Wasser magische Eigenschaften besitzt.

Während des Zweiten Weltkrieges gab es noch Teeliebhaber, die zu jedem Picknick wertvolle Utensilien mitschleppten, darunter einen kleinen irdenen Ofen und einen Sack Holzkohle, um Tee so zubereiten zu können, wie die Vorfahren es seinerzeit neben felsigen Quellen getan hatten. Ich leistete Studenten bei einer solchen Gelegenheit Gesellschaft. Der Ausflug führte uns in die Hügel nördlich von Chungking, der Hauptstadt Chiang Kai-sheks während des Krieges. Die beiden Mädchen und der junge Mann hatten himmelblaue Gelehrtengewänder angelegt. Ihre einzige Konzession an die Gegenwart war ein Wasserkessel aus Aluminium. Sie hatten eine Quelle nahe der Kuppe eines Hügels ausgesucht, deren Wasser munter und auf geradezu klassische Weise über grauweiße Felsen rieselte. Es war also alles so, wie es sein sollte, nur ließ uns der Ofen im Stich. Es dauerte ewig, bis er endlich brannte, und dann, o Schreck, entwickelte die tückische Holzkohle Rauch und üblen Gestank. Nachdem ich mit einem eisernen Schürhaken ausgiebig darin herumgestochert und der zunächst schwachen Glut wie wild mit einem getrockneten Bananenblatt Luft zugefächelt hatte, glühte das Öfchen prächtig und räucherte und stank auch nicht mehr – wofür ich viel Beifall erntete.

Unser relativ guter Tee bestand aus kleinen, wunderbar geformten grünen Blättern. Eines der beiden Mädchen mit dem Beinamen «Kleines Talent» tat einen Teelöffel davon in jede der mit einem Deckel versehenen Schalen, die sowohl zum Aufgießen wie zum Trinken dienten. Das andere Mädchen, das sich für den Beinamen «Duftender Tee» entschieden hatte, goß in der vorgeschriebenen Weise kochendes Wasser über die Blätter, mit kreisender Armbewegung, so daß die gesamte Oberfläche jedes Blätterhäufchens die gleiche Menge Wasser abbekam. Dann wurden die Deckel wieder aufgesetzt, und wir verbrachten einige Augenblicke damit, dem Lied der nahen Quelle zu lauschen, den Zeitpunkt abwartend, bis der Tee ein Höchstmaß an Duft und Geschmack erreichte. Als dieser Augenblick gekommen war, tranken wir feierlich, indem wir die Schalen mitsamt den tiefen Untertassen in der linken Hand hielten, während wir die rechte dazu benutzten, den Deckel leicht anzuheben, um die Flüssigkeit behutsam zu schlürfen. Eventuell noch obenauf schwimmende Blätter wurden so in der Schale festgehalten.

Wir blickten einander begeistert an. Das Getränk war ein Erfolg. Der Tee war so gut, wie man es von einer relativ billigen Sorte erwarten konnte. Dann wurde wieder aufgegossen, bis jeder von uns vier Schalen getrunken hatte. Dabei schlug der junge Mann vor, jeder von uns solle ein Gedicht über diese Teestunde machen. Ich war konsterniert. «Bitte laßt mich aus!» bat ich. «Wenn man mir vier Stunden Zeit gibt, dazu Papier und ein Wörterbuch, könnte mir gerade noch ein passables vierzeiliges chinesisches Gedicht gelingen; aus dem Stegreif werde ich aber keins zustande bringen.»

Lao Ch'ên, der junge Mann, drängte mich, es dennoch zu versuchen. Dagegen meinte «Kleines Talent», mir sollte es erlaubt sein, das Gedicht in englischer Sprache abzufassen, und die anderen stimmten dem zu. Als dann die Gedichte vorgelesen wurden (jedes bestand aus sechsundfünfzig Silben, die in Zeilen zu je sieben Silben angeordnet waren), klangen sie ganz professionell, mit Redensarten wie «jadegrünes Wasser» (was nicht zutraf, doch schien es darauf nicht anzukommen), «Nektar für die Unsterblichen», «Schäfchenwolken», «tiefstehende Sonne», «glockenreine Klänge», «von Drachen bewohnte Quelle», «Kristalltropfen» und «Stickerei aus Farnkraut». Dann schauten mich alle erwartungsvoll an. Ich nahm meinen ganzen Mut zusammen und las vor:

Der Frühling stimmt' an seinen frohen Gesang,
Wärmt' felsigen Boden zu unsrem Empfang.
Die Vögel sangen «der Sommer kommt bald»,
Ihr Echo schallt' froh durch den Wald.
Den Teekessel summen hört' so ich noch nie;
Sein Beitrag war's zur Tee-Harmonie.
Nur das Öfchen, das böse, benahm sich schlecht.
Ich straft' es mit Flüchen – wie ich meine, zu Recht.

Diese Reimerei trug ich so langsam und ausdrucksvoll vor, daß meine Begleiter die englischen Worte gut verstehen konnten. Sie baten mich, sie zu wiederholen, um sicher zu sein, daß sie richtig gehört hatten. Dann starrten sie mich entgeistert an. «Ich hatte geglaubt, Sie verstünden etwas von Poesie», sagte Lao Ch'ên, womit er andeutete, wie er meinen dichterischen Erguß einschätzte. «Ich habe meine Zweifel», meinte dann das Mädchen «Duftender Tee», «ob das Wort ‹Flüche› in einem Gedicht angebracht ist.» Zu meiner Erleichterung begann «Kleines Talent» zu kichern. «Lassen Sie sich nicht an der Nase herumführen!» sagte sie lachend. «Merken Sie denn nicht, daß Lao Ch'ên nur Spaß macht? Natürlich ist es kein richtiges Gedicht. Warum denn auch? Teetrinken soll ein Vergnügen sein. Oder etwa nicht? Warum sollte man daraus eine Schularbeit machen?»

Da begannen auch die anderen zu lachen, und es herrschte die richtige Stimmung für eine Teestunde. Ch'ên und «Duftender Tee» waren in ihrer Begeisterung für eine Teestunde im traditionellen Stil zu feierlich gewesen. «Kleines Talent» hatte sich als der beste Teegefährte von uns allen erwiesen. Wir vier haben dann noch viele gute Teestunden miteinander verbracht, bei denen niemals mehr auch nur die leiseste Andeutung von Feierlichkeit unser Vergnügen verdarb.

9 TEE-POESIE

In China haben Tee und Poesie stets zusammengehört. Für einen Chinesen wäre ein Buch über Tee ohne Gedichte kaum ein echtes Teebuch. Da gibt es Gedichte zum Lob von Teeplantagen, felsigen Quellen und romantischen Gebirgslandschaften oder solche über Freud und Leid der Teepflücker. Andere beschreiben das Entzücken beim Trinken von Tee oder die freundschaftlichen Gefühle, die Teeliebhaber füreinander empfinden. Und wieder andere – aber warum die Aufzählung fortsetzen? Jedes Gedicht oder Lied über Tee hat für Teeliebhaber seinen besonderen Reiz.

Es tut mir leid, das hier feststellen zu müssen, aber chinesische Gedichte entziehen sich jeder angemessenen Übersetzung. Sie sagen so viel mit so wenigen Worten! Jede Zeile mit fünf oder sieben Silben muß durch eine Zeile von übermäßiger Länge oder durch mehrere kürzere Zeilen in eine andere Sprache übertragen werden. Um den Reim zu erhalten, müßte man vom ursprünglichen Wortlaut zu sehr abweichen. Die komplizierten Betonungsmuster, die den Vortrag dieser Gedichte so reizvoll machen, haben in abendländischen Sprachen kein Äquivalent. Außerdem enthalten diese Gedichte oft literarische Anspielungen, die in anderen Sprachen entweder ausgelassen oder aber im Text erklärt werden müßten, wodurch er zu lang würde. Die größte Schwierigkeit für den Übersetzer liegt in dem fast völligen Fehlen von Fürwörtern. Diese und viele andere Wörter werden weggelassen, doch der chinesische Leser fügt sie in Gedanken hinzu. Das ist so, als habe man ein abstraktes Gemälde vor Augen, das es dem Betrachter überläßt, welche Bedeutung er ihm geben will. Eine wörtliche Übersetzung in eine westliche Sprache wäre daher sinnlos.

Es gibt keine Möglichkeit, dieses Problem zufriedenstellend zu lösen. Um kleinliche Pedanterie zu vermeiden, muß der Übersetzer diesen oder jenen Ausweg wählen. Ich bedauere zutiefst meine Unfähigkeit, chinesische Gedichte gut wiederzugeben. Doch hoffe ich, daß meine Übersetzungen noch genug vom Charme des Originals erkennen lassen. Ich muß mich also beim Leser, aber noch mehr bei den Dichtern entschuldigen.

Wir beginnen mit einem Gedicht von Tu Mu, einem gelehrten Beamten aus der T'ang-Zeit, der für seine Empfindsamkeit bekannt war. Es beschreibt einen Ausflug mit seiner Familie in die Berge, wohin er durch kaiserlichen Erlaß geschickt wurde, um die Einbringung des Tribut-Tees in Hu-Chou zu überwachen. Nach den ersten Zeilen erwähnt er den Tee kaum noch; doch ist es ganz gewiß ein Tee-Gedicht, da es einen Eindruck von der Schönheit der Berglandschaft vermittelt, in der zu jener Zeit Tee angebaut und verarbeitet wurde.

Gedicht über einen Tee-Berg

Nichts im östlichen Wu
   [Provinz Chekiang und Teil von Kiangsu]
Übertrifft diese Berge.
Der Tee, der hier wächst, ist der feinste Jui Ts'ao.
Der Vorarbeiter ist nur ein einfacher Mann,
Doch wie geschickt bereitet er den Tribut-Tee!
Nah der Quelle des Stroms vertäuen wir den Nachen
Und pflanzen auf das kaiserliche Emblem
Inmitten von grünem Moos.
Die Weiden wiegen sich wie scheue junge Mädchen.
In den Kiefernwäldern flattern die Vögel

Und schwätzen mit schrillem Gepiepse.
Hinauf zum luftigen Gipfel,
Verhüllt von einem Wolkenmeer,
Führen Stufen zu einem Felsplateau,
Aufragend vor einer Felsengrotte.
Dort, wo der Himmel greifbar nahe,
Ertönt munterer Stimmen Klang.
Hochragendes Gebäude beherrscht den Gebirgsquell
Mit seinem weißgoldenen Wasser.
Vom nahen purpurfarbenen Kliff – der Duft jungen Tees.
Laut schallen unsrer Pferde Hufe
Auf dem sonnenbeschienenen Fels.
Die weiten Ärmel unserer Gewänder
Tanzen fröhlich im Bergwind.
Vom Tal herauf klingen entfernte Lieder.
Gesang der Vögel, die in den Bäumen versteckt,
Licht, gespiegelt vom Schnee,
Umhüllt die T'an-Pflaumenblüten.
Wie gut, daß die ganze Familie mit uns,
Wie gut, hier zu weilen durch kaiserlichen Erlaß!
Ein Duftvorhang hängt zwischen den Schatten der Blätter,
Und der Saumpfad ist mit Blüten besät.
Doch immer noch, obschon Frühling,
Verspüren wir den Atem des Winters.
Auf dem Gipfel angelangt, machen wir halt.
Uns verlangt nach der Frische des Tees.
Beim Steigen bergauf, welch überschwengliches Gefühl!
Betrübt machen wir kehrt –
Zurück in die Welt fader Eintönigkeit.

Tu Mu (T'ang-Dynastie)

Nun folgen drei kurze Gedichte, die im Original aus nur fünfundvierzig, fünfunddreißig und achtundzwanzig Silben bestehen. Alle befassen sich mit Lu Yü, dem Verfasser des *Klassischen Buchs vom Tee*. Lu, zweifellos eine bezaubernde Persönlichkeit, hatte viele Freunde und Verehrer. Zahlreiche Lieder und Gedichte werden ihm zugeschrieben oder wurden über ihn verfaßt.

Das erste ist ein Gedicht aus der T'ang-Ära über den Besuch einer Quelle des Klosters, in dem Lu Yü gelebt hatte, um ihr frisches, klares Wasser für seinen Tee verwenden zu können. Der Poet Fei Shêh-I, einer seiner Zeitgenossen, war natürlich betrübt, als er feststellte, daß dieses Kloster wenige Jahre nach Lus Tod verfallen war. (Der Ausdruck «Brunnen» bezieht sich hier auf eine Konstruktion zum Auffangen des aus der Quelle fließenden Wassers, nicht auf einen Brunnen im herkömmlichen Sinn, denn für Lu Yü war Brunnenwasser kaum zur Zubereitung von Tee geeignet.)

Lu Yüs Quelle

Als ich den Tempel Westlicher Turm erreiche,
Find ich ihn verlassen und menschenleer.
Wo einst adlige Herrn sich trafen zu froher Gesellschaft
Und Tee-Meister Lus gastlicher Wohnsitz war.
Im alten Gemäuer, umwuchert von Unkraut,
Wohnen Frösche jetzt und Fische im verlassenen Brunnen.
Und doch – ein Hauch vergangener Größe blieb zurück.

                      Fei Shê-I (T'ang-Dynastie)

Es folgt ein Gedicht aus der Sung-Ära, verfaßt von einem Genie, das schon mit neun Jahren ein Poet war und später Mitglied der Hanlin-Akademie wurde, womit ihm die höchstmögliche literarische Ehrung zuteil wurde. Beim Anblick eines uralten Brunnens erinnert er sich anscheinend, daß der große Lu Yü Jahrhunderte zuvor Brunnenwasser gegenüber dem Wasser aus Bergquellen oder aus einem Fluß als minderwertig bezeichnet hatte. Vielleicht lächelte er bei dem Gedanken, was wohl der «Tee-Gott» zu einem Tee gesagt hätte, in dem Moos schwimmt. Jedenfalls legt er sein eigenes Gedicht dem großen Mann in den Mund.

Lu Yü besucht einen Brunnen für Teewasser

Die Steine des alten Brunnens
Bedeckt von dickem Moos.
Nur wenigen Gästen gefiele wohl
Tee aus seinem Wasser.
Doch als sich mitternächtlich spiegelte der Mond
In seiner dunklen Tiefe,
Da ändert sich meine geringschätzige Meinung.

                                                       Wang Yü-Chêng (Sung-Dynastie)

Das letzte der kurzen Gedichte über den «Tee-Gott» wurde von einer Dame geschrieben, die im Laufe ihres Lebens zu einer taoistischen Einsiedlerin wurde und während des Aufstandes von An Lu-Shan von Räubern umgebracht wurde. Von ihr und Lu Yü hieß es, sie seien ein Liebespaar, was nach den Empfindungen, die dieses Gedicht ausdrückt, durchaus möglich erscheint. Es gilt nur deswegen als Tee-Gedicht, weil Lu Yü der Besucher der Dame war.

Eine Kranke bekommt Besuch von Lu Yü

Am Tag unsres Abschieds – kalter Herbstfrost.
Du kehrtest wieder im Nebel tiefen Winters
Und fandest mich immer noch von Krankheit geschlagen.
Ich hatte so viel dir zu sagen, doch nur die Träne quoll.
Während ich T'ao-Chia-Wein dir bot zum Willkommen,

Murmelte ich Worte der Dankbarkeit.
Plötzlich waren wir dann auch nicht mehr nüchtern,
Was hätten wir sonst wohl tun sollen?

Li Chi-Lan (T'ang-Dynastie)

Obwohl zwischen den nächsten beiden Gedichten mehrere Jahrhunderte liegen, stehen sie sich inhaltlich sehr nahe. Sie preisen die Freude am Bewirten guter Freunde, die durch die Liebe zum Tee verbunden sind. Das erste erinnert mich an einen Essay von Charles Lamb, in dem er beschreibt, wie jemand in einem behaglichen Zimmer sitzt und Tee trinkt, während draußen eisiger Winterwind weht. Das ist eine Szene, mit der sich viele von uns identifizieren können. Freilich, duftender Tee, flackerndes Feuer und strahlender Mond sind etwas so Besonderes auch wieder nicht. In jener Nacht jedoch kam ein selteneres Vergnügen hinzu.

Eine Winternacht

In rauher Winternacht
Kehrt unerwartet ein Freund bei mir ein.
Wir trinken nicht Wein, sondern Tee.
Der Kessel summt, die Holzkohle glüht,
Heller Mond scheint durch das Fenster herein.
Der Mond, nun ja, er ist nicht anders als sonst,
Jedoch – o schau das Wunder der Pflaumenblüten!

Tu Hsiao-Shan (Sung-Dynastie)

Das andere Gedicht über nahezu dasselbe Thema wurde von einem gelehrten, aber exzentrischen Poeten und Teeliebhaber verfaßt, der, nachdem er verschiedene Beamtenposten innegehabt hatte, im Alter seinen Lebensunterhalt mit der Malerei verdiente. Obwohl er diese Einkünfte bitter nötig hatte, lehnte er es entrüstet ab, seine Bilder an Leute zu verkaufen, die er nicht leiden konnte, ganz gleich, welch fantastische Preise sie dafür zu zahlen bereit waren. Das Gedicht vermittelt die Überzeugung, daß Freundschaft und der Duft feinen Tees Grund genug sind, die ganze Nacht wach zu bleiben.

Ein Besucher

Das Mondlicht steht über den Hügeln
Und wirft seinen Schein auf meinen Balkon.
Die Nacht ist noch jung,
Mein morsches Gartentor steht weit offen.
Durch den Wald naht ein Freund,
Seine Laterne schwankt auf und nieder.
Rauch kräuselt sich über dem Ofen,
Ich lade zum Tee den Gast.
Der herrliche Sternenhimmel verblaßt,
Und bellend erwachen die Hunde,
Den Klang einer Flöte verweht der Wind.
Wir sitzen noch immer beisammen und plaudern.
Es naht der Tag mit rosigen Wölkchen und kühlem Tau,
Mit Moos bedeckt ist die Erde.

Cheng Pan-Ch'iao (Ch'ing-Dynastie)

Im Gegensatz zur Einfachheit dieser Szenerie steht ein T'ang-Gedicht, das von einem der Freunde Lu Yüs geschrieben wurde und an das berühmteste aller Teegedichte erinnert, an Lu T'ungs Bericht über die befreiende Wirkung von sieben Schalen Tee. (Leider war es notwendig, einige Zeilen auszulassen, die ohne langweilige Fußnoten kaum verständlich wären.) Erstaunlicherweise spricht der Dichter vom «Tao des Tees»; er bedient sich also jenes schönen Ausdrucks, den ich mit großem Bedauern als Titel für dieses Buch verworfen habe. Das Gedicht ist, soweit ich sehe, das einzige, das von dieser Wendung Gebrauch macht. Der Dichter war ein gelehrter Mönch, dessen ganze Zuneigung allem galt, was mit Tee zu tun hatte.

Das Tao des Tees

Ein Freund aus Yueh [Provinz Chekiang]
Schickte zarte Blätter von Jen-Hsia-Tee.
Für sie wählte ich die Kanne
Aus Gold, mit Elfenbein gefaßt,
Und Schalen aus schneeweißem Ton.
Mit seinem Duft und klarem Schaum
Glich der Tee dem Nektar der Unsterblichen.
Die erste Schale fegte die Spinnweben aus meinen
  Gedanken,
Die ganze Welt erschien mir in funkelndem Licht.
Die zweite befreite den Geist wie reinigender Regen,
Die dritte machte mich eins mit den Unsterblichen –
Warum jetzt nicht die Sorgen verscheuchen?
Wer, Irdischem zugewandt, sich dem Wein verschreibt,
Täuscht sich selbst auf betrübliche Weise.
Denn nun weiß ich es: Das Tao des Tees ist Wirklichkeit,
Wer außer Tan Ch'iu [einer der Unsterblichen] könnte ihn
  finden?

                        Chiao-Jên (T'ang-Dynastie)

Es folgt ein anderes Gedicht desselben buddhistischen Mönches, das in seinen Empfindungen noch mehr vom Taoismus geprägt ist als das vorige. Es impliziert nämlich, Tee könne das magische Elixier ersetzen, mit dem die Adepten ihr Fleisch in eine gewichtslose jade-ähnliche Substanz verwandeln, die

Feuer und Eis widersteht, bevor sie in Wolkenpalästen ihren
Wohnsitz nehmen. Ich bin nicht davon überzeugt, daß der
Genuß feinen Tees diese wunderbare Verwandlung zustande
bringt, doch kann er zumindest das Gefühl vermitteln, den
Unsterblichen nahe zu sein. (Aus den vorhin erwähnten
Gründen wurden auch hier einige Zeilen ausgelassen.)

Ein Lied vom Tee

Tan Ch'iu war ein Unsterblicher,
Der üppige Speisen verschmähte.
Hatte er Tee gepflückt, so trank er ihn,
Und alsbald wuchsen ihm Flügel.
Die trugen ihn zu einem Feenpalast,
Der Hohlheit des Lebens zu entfliehen.
Nun lebt er irgendwo in den Wolken
In einem Palast, den kein Sterblicher kennt.
Ein junger Unsterblicher, wohnend auf einem
    Wolkengipfel,
Bereitet ihm Tee in goldenen Gefäßen.
Wie wertlos ist dagegen doch Lu Yüs *Klassisches Buch*!

Chiao-Jên (T'ang-Dynastie)

Das letzte Gedicht stammt von einem Poeten der Sung-Ära,
der Tee um seiner selbst willen genoß und sich über das viele
Drumherum mokierte, das die bedeutenden Persönlichkeiten
des Kaiserreiches als wesentlich für die Zubereitung erachteten. Er belächelte die Ernsthaftigkeit, mit der sie sich einer
Sache widmeten, die Entspannung und Vergnügen bringen
sollte. Das Gedicht beginnt mit dem ersten Donnergrollen im
Frühling, wonach ganze Familien sich eiligst zu den umwölkten Berggipfeln begeben, um den Tribut-Tee zu pflücken.

Lied über einen Tee-Wettstreit

Alljährlich, wenn der Frühling aus fernem Süden naht,
Beginnt das Eis auf dem Chien-Hsi-Strom zu schmelzen.
Der Tee an seinen Ufern übertrifft alle anderen
Und wird seit alters von den Unsterblichen gepflanzt.
Die vergangne Nacht brachte Frühlingsdonner nah und fern,
Und freudig sucht die Familie den Weg durch die Wolken,
Dorthin, wo betaute Knospen wachsen in dichter Fülle.
Halsketten aus Jade und Perlen [Hinweis auf Knospen und Tau] liegen verstreut umher.

Die Arbeit eines Morgens kann die Körbe nicht füllen,
Denn nur den feinsten pflücken wir, nicht der Habsucht folgend.
Unsere Leute stampfen und rösten die Blätter aufs beste,
Nun sind die Schuppen gefüllt mit flachen, runden Kuchen.
Der Tee von Pei-Yüan [berühmte Plantage] wird
Den kaiserlichen Hof rechtzeitig erreichen.

Unter den hohen Herren beginnt jetzt der Wettstreit
Mit dreifüßigen Öfchen und Teemühlen aus getriebener Bronze,
Mit Krügen besonderen Wassers, herangeholt vom Fluß,
Und goldenen Mörsern, denen grüner Staub entflieht.
Aus glänzenden Jadeschalen steigen schneeweiße Wellen auf –
Wie köstlicher Nektar ist der Tee dieses Wettstreits.

Wie können die gelehrten Herrn es ertragen, Verlierer zu sein?
Da jedermann auf sie starrt, mit Fingern auf sie zeigt?
Dem Sieger winkt ewiger Ruhm,

Die Schmach des besiegten Feldherrn dem Verlierer.
Warum wohl duldet der Himmel solch Narretei?
Hat doch jedermanns Trank seinen Wert,
Warum denn dieser Wirbel?

Andere halten solche Dinge für wichtig,
Ich dagegen nehme sie leicht.
Laßt ihnen ihre Illusion,
Ich sehe die Dinge, wie sie sind.
Wieviel besser ist es doch, in die Berge zu gehn,
Dort Tee zu trinken und in der Stille zu weilen,
Bis Flügel uns wachsen, auf dem Wind zu reiten.
Warum diese Toren beneiden?

In der Teepflanzung wetten die Jungen um Strohhalme.
Gewinnen sie, so freuen sie sich,
Als hätten sie kostbare Perlen gewonnen –
Und gehen dann zufrieden nach Hause.

Fang Chung-Yen (Sung-Dynastie)

10 EINE ANLEITUNG ZUR AUSÜBUNG DER KUNSTLOSEN KUNST

Da dieses Kapitel eine Anleitung für Teetrinker sein soll, muß jede Einzelheit im richtigen Zusammenhang dargestellt werden. Deshalb waren gewisse Wiederholungen aus früheren Kapiteln unvermeidlich. Dafür bitte ich den Leser um Nachsicht.

Einführung

Die Tee-Kunst ist insofern kunstlos, als sie mit einem Maximum an Formlosigkeit und Freiheit von Beschränkungen ausgeübt wird. Es brauchen keine anderen Regeln befolgt zu werden als die, feinen Tee so zuzubereiten, daß Geschmack und Aroma aufs höchste entwickelt werden. Daß diese einfache Praxis von den Chinesen als eine Kunst angesehen wird, hat viel mit poetischen Assoziationen zu tun. Da ist die Schönheit der Teeplantagen in den nebelverhangenen Bergen, die romantische Geschichte des Tees, die anmutige Umgebung, in der Tee im Idealfall genossen werden sollte; ferner die edlen Keramiken, die speziell für den Teegenuß hergestellt werden, der Zustand der Entspannung und inneren Zufriedenheit als Begleiterscheinung des Teetrinkens und schließlich die sanft belebende Wirkung. Mehr noch: Tee hat eine poetische Affinität zu den wunderbaren Aktivitäten des Tao, bringt er doch die fünf Kategorien natürlicher Aktivität (das *wu-*

hsing), symbolisiert durch Erde, Metall, Wasser, Holz und Feuer, in Übereinstimmung. Nach der altüberlieferten Anschauung vom Wirken der Natur bilden sie zusammen das Ganze:

Erde, Wasser (Regen und Nebel) sowie Feuer (Sonnenschein) vereinen sich zum Wachstum der Teebäume.
Aus Erde sind die farbenfrohen Keramiken, die das Teetrinken verschönen.
Aus Metall werden die Wasserkessel hergestellt.
Wasser, in seiner reinsten Form, ist der «Freund des Tees».
Feuer ist der «Lehrer des Tees», da es bei der Verarbeitung der Blätter und der Bereitung des Wassers den Charakter des Tees formt. Wasser und Feuer wirken zusammen, um das verborgene Potential des Teeblattes freizusetzen.
Holz ist die Substanz, aus der der Tee geboren wird.

Die Chinesen haben lange an der Anschauung festgehalten, daß Tee trotz seiner nützlichen Rolle bei zeremoniellen Anlässen am besten in entspannter Stimmung genossen werden sollte. Deshalb sollten starre Formen und spitzfindige Verhaltensregeln vermieden werden, wie es dem Beisammensein von drei oder vier Freunden angemessen ist. Zur Zeit des Kaiserreiches, als das öffentliche Leben mit Formalitäten überladen war, wurde es als angenehm empfunden, sich hin und wieder der offiziellen Gewänder zu entledigen, zwanglose Freizeitkleidung anzulegen und ein paar Stunden mit gleichgesinnten Freunden in entspannter Atmosphäre zu verbringen. Bis zu den dreißiger Jahren unseres Jahrhunderts hatten selbst Soldaten ihren Teetopf am Tornister baumeln, wenn sie ins Feld zogen. Im übrigen standen Kannen mit heißem Tee in gepolsterten Körben an fast jeder Bürotür, um den Besuchern ein etwa notwendig werdendes längeres Gespräch angenehmer zu machen. Tee war das erste, was am frühen Morgen nahezu jeder zu sich nahm. Er war auch der Freund der Gelehrten und der Geschäftsleute, die bis in die Nacht hinein tätig sein mußten. Darüber hinaus war er Quelle des Vergnügens während des ganzen Tages.

Die normale Zubereitung von feinem Tee

Die Auswahl des Tees

Zuerst muß man entscheiden, welche Art von Tee man trinken will. Nachfolgend eine Auswahl feiner Teesorten.

1. *Grüne Tees (Ch'ing-Ch'a)* sind ganz hervorragend, was Geschmack, Aroma und gesundheitsfördernde Eigenschaften angeht, jedoch nur, wenn man darauf achtet, daß ihr natürlicher Duft und ihre natürliche Farbe erhalten bleiben. Daher müssen sie luftdicht verpackt sein und die Blätter nach dem Kauf in luftdichten Behältern aufbewahrt werden. Das Wasser soll beim Aufgießen nicht ganz den Siedepunkt erreichen. Ist der Aufguß zu schwach, wird er fade schmecken; ist er zu stark, schmeckt er bitter. Man muß daher anfänglich experimentieren. Der beste Tee ist Lung-Ching (Drachenbrunnen); es gibt ihn jedoch in mehreren Graden unterschiedlicher Qualität. Eine andere Sorte, Shou-Mei (Augenbrauen eines alten Mannes) hat ebenfalls einen wunderbar frischen Geschmack, denn sie ist an der Sonne getrocknet und leichter verarbeitet als alle anderen Sorten.

2. *Halbfermentierte Tees (Wu-Lung)* und *Pao-Ch'a:* Im Abendland heißen sie Oolong beziehungsweise Bohea und sind ebenfalls wegen ihres Geschmacks, ihres Aromas und ihrer gesundheitsfördernden Eigenschaften bekannt. Doch schmecken sie ganz anders als grüner Tee. Der Grad der Fermentierung schwankt, je nach Sorte, zwischen 20 und 60 Pro-

zent. Sie sollten mit Wasser etwas unter dem Siedepunkt aufgegossen werden. Der vielleicht beste dieser Tees ist T'ieh-Kuan-Yin (Eiserne Göttin der Barmherzigkeit). Andere gute Sorten sind Shui-Hsien (Iris oder Wasserfee) und T'ieh-Lo-Han (Eiserner Heiliger).

3. *Rote Tees* (im Abendland auch «schwarze» genannt) unterscheiden sich weniger in der Qualität. Doch ist Ch'i-Mên (Keemun) im allgemeinen allen anderen vorzuziehen, vor allem die besten Grade der Sorte Wu-An (Sechsfaches Glück). In diesem Falle muß mit kochendem Wasser aufgegossen werden. Die feinsten Sorten verlieren etwas von ihrem Zauber, vermischt man sie mit Milch, Zitrone, Zucker und dergleichen.

4. *Blütentees* (*Hua-cha* oder *Hsiang P'ien*) können aus jeder der oben angeführten Teesorten hergestellt werden. Sie unterscheiden sich erheblich in ihrer Qualität. Obwohl man wirklich feine Tees nur selten zu Blütentees verarbeitet, können die teureren Marken dennoch köstlich sein. Die Wassertemperatur für das Aufgießen hängt davon ab, ob roter (schwarzer) oder ein anderer Tee als Grundlage des Blütentees dient. Man kann sich auch seinen eigenen Blütentee herstellen, indem man frische Jasminblüten, Rosenblätter oder die in Chinaläden verkauften getrockneten süßen Chrysanthemen zu jedem beliebigen Teeblatt hinzufügt. Besonders köstlich ist ein Blütentee, der nach einer in Soochow einst beliebten Methode hergestellt wird, wo es überall Wasserwege mit vielen Lotosblumen gibt. Man tut grünen Tee in winzige Gazebeutel und legt jeden Beutel über Nacht in den Kelch einer Lotosblüte. Der Tee muß in der Morgendämmerung herausgenommen und sofort aufgegossen werden, solange der Duft des Lotos noch an ihm haftet. Tee mit besonderen getrockneten Chrysanthemen (mit gewöhnlichen geht das nicht) ist, mit Zucker getrunken, ein hervorragendes Mittel gegen die Auswirkungen sengender Hitze; er lindert Heiserkeit und das bei derartigen Krankheiten auftretende Unbehagen.

5. *Weiße Tees* sind heutzutage schwer erhältlich, ausgenommen vielleicht die weiße Sorte von P'u-Êrh-Tee aus Yünnan, die einige Leute köstlich finden, doch dürfte der Geschmack nicht jedem Gaumen behagen.

6. *Eßbarer Tee:* In China gibt es Leute, die gerne frische Teeblätter kauen. In Thailand werden sie mit Salz, Öl, Knoblauch, getrockneten Krabben und verschiedenen anderen Ingredienzen vermischt, um daraus eine schmackhafte Vorspeise zu machen. Wer gefüllte Weinblätter nach griechisch-türkischer Art mag, wird sicherlich auch den Geschmack von pikanten grünen Teeblättern zu schätzen wissen.

Der Einkauf von Tee

In der VR China, auf Taiwan und in Hongkong kann man eine Vielzahl von chinesischen Teesorten kaufen. Ein entsprechendes Sortiment (vor allem von Oolong-Tees) erhält man in Malaysia, Singapur und Thailand, während die Auswahl in den meisten Teilen Europas und Amerikas begrenzter ist. Natürlich findet man eine Menge Chinatee, das heißt Tee, der zwar in China gewachsen ist, dann aber so verarbeitet wurde, daß er dem abendländischen Geschmack für Tee mit Milch oder Zitrone entspricht. Die meisten Chinatees unterscheiden sich in ihrem Charakter von chinesischen Tees, mit denen sich dieses Buch befaßt. Soweit mir bekannt, befindet sich der einzige Laden für ausschließlich chinesische Tees in Los Angeles (727 North Broadway). Er gehört der Ten Ren Tea Company. Dort kann man feinen Tee aus Taiwan und Tee-Accessoires kaufen. Außerdem kann man sich an Ort und Stelle eine Auswahl von Tees aufgießen lassen und kosten, bevor man sich zum Kauf entschließt. In Chinaläden in London, New York, San Francisco, Washington und Vancouver habe ich einigermaßen gute chinesische Tees kaufen können. Zweifellos wären die Ladenbesitzer froh, Tees feinster Qualität liefern zu können, wenn eine entsprechende Nachfrage bestünde.

Ich muß zugeben, daß ich nicht genau informiert bin, wie viele Chinatees auf abendländischen Märkten verfügbar sind. Vor kürzerer Zeit versuchte ich einen besonderen Tee, der von Twinings auf den Markt gebracht wird, einer englischen Teefirma mit einer fast dreihundertjährigen Geschichte. Dieser (als «Gunpowder» bezeichnete) grüne Tee hat ganz eng gerollte grünweiße Blätter, die sich entrollen, wenn man sie in kochendes Wasser legt, und dann eine tiefgrüne Farbe annehmen. Die Farbe des Aufgusses ist ein blasses Orange. Andere grüne und Oolong-Tees, die man bei guten westlichen Firmen kaufen kann, etwa *chun mee, sou mee* und *bohea*, sind verschiedene Sorten von gerolltem Tee. Von diesen ist *sou mee* nichts anderes als der bereits beschriebene Shou-Mei (Augenbrauen eines alten Mannes).

Keiner der von westlichen Firmen verkauften Chinatees hat mir so gut geschmeckt wie die besten chinesischen Tees. Andererseits sind die in die Kategorien «grün» oder «Oolong» fallenden Tees erheblich besser als die mittelmäßigen chinesischen Tees. Insofern sind sie ein guter Ersatz für chinesische Tees erster Wahl, wenn diese in lokalen Chinaläden nicht erhältlich sind. Sie sollten jedoch ohne jeden Zusatz getrunken werden. Von westlichen Firmen vertriebene Blütentees führen Namen wie Earl Grey, Orange Pekoe oder Jasmin-Tee.

Das Wasser

Im Gegensatz zu den alten Völkern bedarf es heute keiner besonderen Mühen oder Kosten, um klares Wasser über weite Entfernungen heranzuschaffen. Ein guter Wasserfilter sichert uns eine entsprechende Versorgung. Doch gibt es überall auf der Welt noch Gegenden, wo das Wasser ungewöhnlich rein ist. Filter pflegen zwar Partikel von Fremdstoffen zu entfernen, sind jedoch nicht in der Lage, die Minerale zu liefern, die für das Wasser einiger Gegenden typisch sind. Hat man daher die Möglichkeit, sich Wasser von einem Ort zu besorgen, wo der Mineralgehalt hoch und das Wasser frei von jeglichem Geruch ist – um so besser.

Vielleicht bin ich ein Narr, wenn ich die alte chinesische Anschauung übernehme, daß zu langes Kochen die «Lebenskraft» des Wassers zerstört, denn es gibt vermutlich keine Möglichkeit, das zu beweisen. Ich halte jedoch daran fest, daß Wasser schal schmeckt, wenn es zu lange gekocht hat, und ziehe es daher vor, meinen Tee mit ganz frisch kochendem Wasser aufzugießen oder mit Wasser, dessen Temperatur ein wenig unter dem Siedepunkt liegt, je nachdem, ob es sich um roten (schwarzen) oder Oolong-Tee handelt.

Das Feuer

Ein alter Teeliebhaber hat einmal gesagt: «Wasser und Feuer regen sich gegenseitig an, um den Klang des Windes hervorzubringen, der durch Kiefern weht.» Traditionell wurden tragbare irdene Teeöfchen benutzt. Richtig brennende Holzkohle guter Qualität erzeugt weder Rauch noch Geruch und brennt mit bläulicher Flamme. Ein eiserner Schürhaken und ein Fächer aus einem Palmenblatt oder ähnlichem Material gehören zur traditionellen Ausrüstung. Aus ästhetischer Sicht sind das rote Glühen der Holzkohle, ihre bläuliche Flamme und das leise Knistern notwendige Bestandteile des vollen Teegenusses. Doch können Bequemlichkeit und moderne Verhältnisse den Gebrauch eines Elektrokessels oder eines elektrischen Ofens erforderlich machen. Das ist zwar weniger poetisch, aber dennoch ein akzeptabler Ersatz. Immerhin bleibt dabei das Geräusch des Siedens und der Anblick der Dampfwolken erhalten. Gas sollte jedoch nicht verwendet werden, da gute Teesorten sehr anfällig für Verunreinigung durch fremde Gerüche sind. Aus demselben Grunde sollte das Teewasser nahe dem Teetisch zum Kochen gebracht werden, nicht in der Küche, wo Gerüche anderer Nahrungsmittel auf das Wasser und die Teekanne einwirken könnten. Edles Teegeschirr sollte niemals in die Nähe der Küche geraten. Obwohl man es fleckenlos rein halten muß, spült man es am besten innen nur aus. Lediglich die Außenseite wird sowohl gespült als auch abgetrocknet. Der Gebrauch von Seife und Reinigungsmitteln beziehungsweise das Scheuern der Accessoires können den Geschmack des Tees beeinträchtigen.

Accessoires aus Metall

Die Bevorzugung von Accessoires aus Gold oder Silber durch die Aristokraten der T'ang-Dynastie wurde von späteren Generationen von Tee-Meistern abgelehnt; sie ließen im allgemeinen nur ein Minimum an metallenen Tee-Accessoires zu. Bei nicht ätzendem oder emailliertem Metall machte man jedoch Ausnahmen (freilich nicht bei Teekannen). Für das Entnehmen der Teeblätter aus der Teedose und das Einfüllen in die Teekanne wurden Teelöffel aus Porzellan oder Silber benutzt. Die Kessel waren oft aus Bronze. (Man kann in Neu-Delhi und Nepal noch billige tibetische Kessel aus Bronze oder Kupfer kaufen, die den in alter Zeit verwendeten chinesischen ähnlich sind. Doch müssen diese besonderen Metalle ständig vollkommen saubergehalten werden, was bei Verzicht auf Seife und Reinigungsmittel nicht immer einfach ist.) Für den heutigen Gebrauch sind Kessel aus Aluminium, Stahl oder emailliertem Metall geeignet. Man muß dabei allerdings in Kauf nehmen, daß Aluminium neben wirklich schönen Tee-Accessoires geschmacklos wirkt. Ich bevorzuge Elektrokessel aus Keramik, die es in wirklich eleganten Formen gibt. Teebüchsen aus Zink oder mit Emaille beschichtetem Metall dürften luftdichter abschließen als solche aus Porzellan. Besonders gut sind in China hergestellte Zinnbüchsen, da sie klug erdachte Deckel haben, die mit einem «Plopp» schließen und dadurch erkennen lassen, daß sie luftdicht sind.

Abb. 1 Porzellantopf für Teeblätter
(mit über dem Gefäßhals schließendem Deckel).

Gefäße zum Aufgießen

Hierzu gehören Gefäße, die nur zum Aufgießen benutzt werden, und solche, die für den Aufguß und zum Trinken bestimmt sind.

1. *Teekannen:* In einigen Teilen Chinas besitzen Teeliebhaber eine kleine Teekanne, aus der sie den Tee durch den Gießer schlürfen. Normalerweise jedoch benutzt man die Kanne nur zum Füllen der Tassen. Für die Zubereitung wirklich feinen Tees sollte die Kanne erheblich kleiner sein als die im Abendland üblichen Teekannen. Genaugenommen sollte sie nicht mehr als einen halben Liter fassen. Teekannen aus Porzellan sind weit verbreitet; doch beharren erfahrene Teekenner auf irdenen Kannen, da die Poren der inneren Oberfläche etwas

vom Duft des jeweiligen Aufgusses aufnehmen und dadurch über einen längeren Zeitraum hinweg mehr oder weniger den Geschmack der folgenden Aufgüsse verstärken, vorausgesetzt, sie werden *niemals* gescheuert. Eine nagelneue Teekanne sollte eine Weile in kochendem Wasser stehen, dem eine größere Menge gebrauchter Teeblätter zugesetzt ist, damit der Geruch des Tons beseitigt wird. Wunderschöne irdene I-Hsing-Teekannen werden immer noch in Hunderten von traditionellen Formen hergestellt, in Mengen, die für den Export in die ganze Welt reichen. Man kann sie jetzt auch in Geschäften der VR China im Westen kaufen.

2. *Chung:* Das sind henkellose, schalenförmige Tassen mit Deckel und tiefer Untertasse. Trinkt man teuren oder schwer erhältlichen Tee alleine oder mit einem guten Freund, dann läßt sich jede Vergeudung des kostbaren Rohstoffs vermeiden, wenn man einige wenige Blätter in einen *chung* tut, kochendes Wasser darübergießt und sofort den Deckel aufsetzt. Nach ein paar Minuten sinken die Blätter auf den Boden. Schwimmen noch ein oder zwei obenauf, verwendet man den Deckel als eine Art Filter, damit die Blätter beim Trinken nicht in den Mund gelangen. Die größeren *chung* werden oft in Verbindung mit kleinen, henkellosen Teetassen benutzt, wobei sie die Funktion der Teekanne übernehmen. Sonst kann man direkt aus dem *chung* trinken, sobald die Teeblätter sich am Boden abgesetzt haben. Durch erneutes Auffüllen mit Wasser kann man vier oder fünf Aufgüsse machen.

3. *Kanne mit Deckel:* Dies ist eine neuere Erfindung aus der VR China. Sie ähnelt einem Bierkrug, der außer dem Henkel noch einen Deckel hat. Wie der *chung* wird er für den Aufguß und das Trinken benutzt.

4. *Glas mit Deckel:* Eine Erfindung des frühen zwanzigsten Jahrhunderts. Das Teeglas hat die doppelte Funktion eines *chung*, wird jedoch gewöhnlich für blaßgrüne Tees wie

Abb. 2 Ein Chung mit Deckel und Untertasse.

«Drachenbrunnen» benutzt, so daß man die lieblich jadegrüne Farbe von Flüssigkeit und Blättern genießen kann.

Trinkgefäße

Teeschalen (außer dem *chung*) kamen mit Beginn der Ming-Dynastie aus der Mode. Seither verwendet man kleine Tassen ohne Henkel und Untertasse. Deckel sind nicht mehr notwendig, da der Tee, den man aus ihnen trinkt, aus einer Teekanne oder einem größeren *chung* in die Tassen gegossen wird. Sorgfältiges Eingießen macht auch die Untertassen überflüssig. Man hält die kleine Tasse, indem man Daumen und Zeigefinger auf entgegengesetzte Seiten des Tassenrandes und den kleinen Finger unter die Kante des Tassenbodens legt. Dadurch vermeidet man, daß ein Teil der Hand mit den heißen Teilen der Tasse in Berührung kommt. Auf diese Weise erübrigt sich der Henkel. Natürlich kann man auch Tassen mit Henkeln und Untertassen benutzen. Eine traditionelle zeremonielle Geste zu Ehren des Gastes oder des Gastgebers ist es, die Tasse mit beiden Händen zu heben. Henkellose Tassen werden, wenn sie klein sind, oft nebeneinander auf ein Tablett gestellt, so daß sich jeder eine Tasse nehmen kann.

Kleine *chung* haben, wenn sie aus einer Teekanne gefüllt werden, dieselbe Funktion wie Tassen. Diese können aus Steingut sein, doch wird im allgemeinen einfaches oder farbiges Porzellan bevorzugt, vor allem die wunderschönen weißen Porzellantassen, die heute noch in Ching-Tê für den Export hergestellt werden.

Abb. 3 Tassen auf Tassentablett.

Spezielle Accessoires

Das besondere Zubehör, das man für das Trinken von Kung-Fu-Tee benötigt, wird in einem späteren Abschnitt dieses Kapitels beschrieben.

Modernes Tee-Zubehör

Unter den Teekennern gab es stets eine große Zahl armer Gelehrter. Da sie zwar über guten Geschmack, jedoch über wenig Geld verfügten, nutzten sie ihren Einfallsreichtum, um hübsches Tee-Zubehör zu erfinden, das billig zu erwerben war. Dieses Prinzip hat auch heute noch Geltung. Am wichtigsten ist die Teekanne aus Steingut. Wenn sie nicht gerade ein wertvolles antikes Stück ist, wird sie gewiß nicht viel kosten. Bei den übrigen Utensilien sind der persönlichen Vorliebe kaum Grenzen gesetzt. Der eine mag sich für einen streng traditionellen Set von Tee-Zubehör entscheiden oder für die Handwerkskunst europäischer oder amerikanischer Töpfer. Ein anderer wählt Tassen, die genau zur Teekanne passen. Wieder ein anderer entscheidet sich für Accessoires von ungewöhnlicher Farbe und Form oder legt Wert darauf, eine Vielfalt von sehr schönen, aber einfachen und billigen Tee-Utensilien zusammenzustellen. Als einzige Regel sollte gelten, sowohl Häßliches als Protziges zu vermeiden, so daß alle Teile zusammen einen harmonischen Anblick bieten.

Die geistige Haltung

Um die Tee-Kunst zufriedenstellend auszuüben, ist ein besonderer Geisteszustand erforderlich, vergleichbar dem, den die Buddhisten als Gewahrsein bezeichnen. Man erreicht ihn durch Beachtung der Reaktionen aller sechs Sinne: Hören, Riechen, Schmecken, Sehen, Berühren und Bewußtsein. Ist das einmal zur Gewohnheit geworden, braucht man keinen weiteren Gedanken daran zu verschwenden.

Das Gehör genießt das sanfte Knistern des Holzkohlenfeuers, das Summen des Kessels, das «der Musik des Windes in den Kiefern» oder «dem Gurgeln eines Gebirgsbaches» ähneln kann oder, wie ein anderer Poet es ausdrückt, «dem Plätschern der Wellen, dem Zwitschern der Vögel, dem Zirpen der Insekten und dem Brüllen von Löwen und Tigern». Das Vergnügen des Riechens und Schmeckens feinen Tees ist offenkundig. Das Auge erfreut sich an den aufsteigenden Dampfwölkchen, den Formen und Farben des Zubehörs oder ist fasziniert von fremdartigen und seltenen Objekten. Es ist entzückt vom zarten Grün oder der Bernsteinfarbe des Tees sowie der Anmut des Milieus. Der Gefühlssinn reagiert dankbar auf die anmutigen Maserungen des Teegeschirrs; das bewußte Wahrnehmen all dieser Dinge verursacht beim Teetrinker eine harmonische Stimmung.

Trinkt man alleine Tee, empfiehlt sich die Beachtung äußerster Einfachheit. Viele Teeliebhaber besitzen einen Lieblingskessel und eine Lieblingskanne, sind jedoch hinsichtlich des übrigen Zubehörs nicht kleinlich. Tee in Gesellschaft zu trinken ist angenehm, wenn sie aus Menschen besteht, unter denen man sich wohl fühlt: alte Freunde, anspruchslose Besucher, die alles gelassen aufnehmen und das Angenehme zu schätzen wissen, das man ihnen bietet. Gerade nur zwei oder drei Gäste sind ideal. Teeliebhaber pflegen an allem interessiert zu sein: am Tee, der Art seiner Zubereitung, seiner Herkunft, der Geschichte irgendwelcher ungewöhnlicher Utensilien und an der Meinung des Gastgebers über die Qualität verschiedener Teesorten.

Wechselnde Aspekte

Die richtige Größe der Teekanne hängt von drei Faktoren ab: erstens von der persönlichen Vorliebe für schwächeren oder stärkeren Tee; zweitens von der Anzahl der Teilnehmer an der Teestunde; drittens von der Menge der Teeblätter in der Kanne. In China werden feine Tees ziemlich stark, jedoch in kleinen Mengen getrunken. Deshalb wird im allgemeinen eine kleine Kanne mit einer größeren Menge Teeblätter benutzt. So bleibt das Wasser nicht zu lange auf den Blättern stehen, was verhindert, daß der Tee bitter wird. Das Wasser in der Kanne sollte drei bis vier Minuten wirken, ehe man den Tee einschenkt. Beim Nachfüllen braucht das heiße Wasser nicht mehr so lange auf den Blättern zu stehen wie beim ersten Aufguß. Wie oft man das Wasser erneuert, hängt einerseits von der verwendeten Teesorte und andererseits von der Zeit ab, die das Wasser bei jedem Aufguß auf den Blättern bleibt, um deren Aroma aufzunehmen. Gießt man mehr als dreimal auf, wird der Tee oft zu schwach. In China nimmt man gewöhnlich mehr Teeblätter pro Teelöffel als im Westen und läßt das Wasser nicht so lange auf den Blättern stehen. Man braucht eine gewisse Erfahrung, um beurteilen zu können, welche Stärke dem Geschmack jeder einzelnen Teesorte wirklich gerecht wird, wobei natürlich die persönliche Vorliebe eine Rolle spielt. Bei gewissen Tees muß man eine leichte Bitterkeit in Kauf nehmen, da sie gerade wegen ihres Nachgeschmacks gelobt werden – einem köstlichen, leicht süßlichen Geschmack, der im Munde nachwirkt, wenn der Tee hinuntergeschluckt ist.

Der Aufguß

Bevor man die Teeblätter in die Kanne gibt, sollte diese mit heißem Wasser ausgeschwenkt werden. Eine kleine Kanne sollte man in eine Porzellanschale stellen und mit heißem Wasser übergießen. Wie lange man das tut, hängt von der verwendeten Teesorte ab. Auch hier spielt Erfahrung eine wichtige Rolle. Nach dem Aufgießen darf der Tee im Topf nicht umgerührt werden.

Das Eingießen des Tees

Ein alter Poet hat einmal gesagt: «Wird Tee in die Tassen gegossen, dann sieht man glänzende Wolken und hört einen rauschenden Wasserfall.» Die Tassen sollen dicht an der Kanne stehen, und zwar so, daß ihre Ränder sich berühren. Sie sollten nicht nacheinander ganz gefüllt werden. Vielmehr wird zunächst in jede ein wenig Tee gegossen. Danach werden alle nach und nach aufgefüllt, so daß sie fast gleichzeitig mit Tee von gleicher Stärke gefüllt sind. Geschieht dies auf korrekte Weise, pflegen der zweite und der dritte Aufguß besser zu sein als der erste, den übrigens einige Tee-Meister in eine Schale für Teereste gießen, gleich wenn die Kanne zum ersten Mal gefüllt worden ist.

Zusätze

Tee guter Qualität sollte ohne Milch, Zitrone, Zucker, Wodka oder sonstige Zusätze getrunken werden. Sie einem wirklich feinen Tee beizufügen ist so, als schütte man Wermut oder Bier in einen guten alten Weinbrand. Der bloße Gedanke daran läßt einen Teekenner schaudern.

Ein Gesamteindruck

Der T'ang-Poet Yüan Wei-Chih wurde einmal von anderen Teeliebhabern aufgefordert, in einem Gedicht zusammenzufassen, was ihm bei dem einfachen Wort «Tee» einfiel. Er reagierte darauf mit einem «Pagodengedicht», das heißt, mit einer Strophe in Pyramidenform, deren erste Zeile nur eine Silbe hatte; die zweite und dritte Zeile umfaßten jeweils zwei, die dritte und vierte drei Silben und so weiter bis zu zwei Zeilen mit je sieben Silben. Zwar entzieht sich die komplizierte Form des Gedichts jeder Übersetzung, doch vermittelt die Aufzählung der Assoziationen immerhin einen gewissen Eindruck:

Tee – duftende Blätter – zarte Knospen – Gefährte der Poeten – Heißgeliebter der Einsiedler – Geschirr aus milchweißer Jade - Serviette aus rotem Sarsenett – tief bernsteinfarbenes Gebräu – Befreiung von pedantischem Formalismus – des Abends paßt er gut zu schimmerndem Mondschein, in der Morgendämmerung zum karmesinroten Wolkenhimmel – überbrückt die Kluft zwischen uns und den

Generationen von einst – vertreibt den berauschenden Dunst des Weines.

Das Aufgießen von Kung-Fu-Tee

Erläuterung

Die Bezeichnung «Kung-Fu» bezieht sich nicht nur auf kriegerische Künste, sondern sie meint jede Aktivität, die Zeit und Mühe erfordert, um etwas meisterlich zu beherrschen, angefangen bei taoistischen Körperübungen bis zu einer ausgefeilten Form der Zubereitung feinen Tees – eine Form, die sich seit einem Jahrtausend oder mehr kaum geändert hat. In der Provinz Fukien werden die feinsten Sorten des besten Tees als Kung-Fu-Tees ausgesondert. Die Liebhaber dieses Tees leben zumeist im Süden dieser Provinz und im nördlichen Teil der Nachbarprovinz Kwantung. Früher gab es begabte Teemischer, die ihren Lebensunterhalt damit verdienten, spezielle Mischungen zu entwickeln, die den Geschmacksrichtungen bestimmter Familien in der Gegend entsprachen. Obwohl solche Mischungen heute nur noch selten anzutreffen sind, werden Oolong-Tees bester Qualität einschließlich der feinsten Sorte der «Eisernen Göttin der Barmherzigkeit» sowie einige grüne Tees immer noch nach der komplizierten Kung-Fu-Methode aufgegossen, in der VR China wie auf Taiwan. Außerdem sind Auswanderer von Familien, die der Tee-Kunst anhingen, in ihren heutigen Wohnorten in Hongkong, Thailand, Malaysia oder Singapur dieser Praxis treu geblieben. Bei ihnen, ob wohlhabend oder weniger begütert, findet man noch alles notwendige Zubehör. Die alten Traditionen werden nach Möglichkeit bewahrt. Dazu im Widerspruch stehende Neuerungen des 20. Jahrhunderts versucht man möglichst zu verbergen. Ein Beispiel: Elektroplatten, die gelegentlich die alten Holzkohleöfchen ersetzen, baut man in braune Steingutbehälter ein, die mit poetischen Inschriften versehen sind, um sie dem äußeren Erscheinungsbild der anderen altehrwürdigen Accessoires anzugleichen.

Tee nach der Kung-Fu-Methode ist um ein Vielfaches stärker als ein gewöhnlicher Aufguß. Er wird wie Likör aus winzigen Tassen getrunken. Da er sehr stark ist, schmeckt er meistens bitter. Es gibt nicht viele Teetrinker, die ihn auf Anhieb mögen, jedoch lohnt es sich, den Geschmack dafür zu entwickeln.

Die Ausstattung

Es versteht sich von selbst, daß nur Teeblätter und Wasser von höchster Qualität verwendet werden sollten. Das notwendige Zubehör besteht aus:

einem kleinen Holzkohleofen aus Steingut (auf einem hölzernen Gestell), eisernen Schürhaken zum Wenden der Holzkohle, einem gewöhnlichen, leicht beschädigten Fächer, um die Glut anzufachen, und einem Wasserkessel;
einer luftdichten Teebüchse aus Keramik oder Zinn;
einer I-Hsing-Teekanne, manchmal nicht größer als eine Walnuß, doch gewöhnlich vom Umfang einer Mandarine oder wenig größer;
drei oder vier winzigen Tassen aus Steingut oder weißem Porzellan oder aber aus farbigem Porzellan mit weißglasierter innerer Oberfläche;
einem «Tee-Boot», das heißt, einer kleinen Schale oder tiefen Untertasse, deren Rand ungefähr die Höhe der Kanne hat;
einer irdenen oder metallenen Teeplatte, ähnlich einer Warmhalteplatte, deren flache Oberseite in regelmäßigen Abständen durchlöchert ist. Sie ist auf einen Miniatur-«Tank» oder einen geschlossenen Hohlraum aufgesetzt, in den das gebrauchte Wasser abfließen kann;

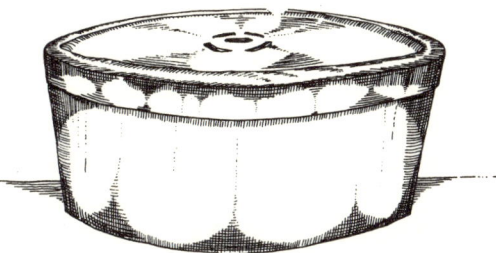

Abb. 4 Teeplatte mit gut sichtbaren Öffnungen im abnehmbaren Deckel.

Abb. 5 Kanne, «Tee-Boot», Tassen und Teetablett.

Abb. 6 Kung-Fu-Kanne und «Tee-Boot».

einer Platte für die Tassen (einer flachen Porzellanplatte mit Rand, ähnlich einem kleinen Tablett), gerade groß genug, um vier kleine Tassen aufnehmen zu können;
einem kleinen Tablett aus Holz oder Bambus oder auch einem flachen, rechteckigen Porzellanbehälter. Darauf kommt ein kleines, gefaltetes Teetuch und ein Teelöffel aus Silber oder Porzellan, um die Teeblätter aus der Teebüchse in die Kanne zu befördern; einem kleinen hölzernen oder irdenen Gestell für den heißen Kessel;
einem Teetisch aus einfachem oder schwarzlackiertem Holz;
einem Napf, der auf den Boden gestellt wird für den Fall, daß sich auf dem Tisch keine Teeplatte befindet, in die das nicht benötigte Wasser abfließen kann.

Die meisten dieser Gegenstände hatten ihren Ursprung wahrscheinlich in der Sung-Ära. Der Fächer aus getrockneten Bananenblättern, spanischem Rohr oder dergleichen muß etwas beschädigt sein, denn nach einem alten Glauben «kann nichts vollkommen sein, was nicht eine winzige Unvollkommenheit an sich hat». Das Teetuch zum Abwischen der Utensilien ist gewöhnlich weiß und aus feinstem Material gewebt. Die Innenseite der Teekanne, die vielleicht schon von mehreren Generationen benutzt wurde, wird vor und nach Gebrauch sorgsam mit heißem Wasser ausgeschwenkt. Die Schicht, die sich im Inneren durch tausendfaches Aufgießen abgesetzt hat, ist genau das, was eine gute (und heute höchst kostspielige) Kanne von einer gewöhnlichen, billigen unterscheidet, während beide sonst in jeder Hinsicht gleich sein können. Wirklich alte Utensilien können die meisten Teetrinker sich kaum leisten. Doch die VR China stellt heute einigermaßen gute Kopien jener antiken Gegenstände her, und das auch noch zu erstaunlich niedrigen Preisen.

Früher benutzten die Chinesen nur selten Tischtücher, da

sie von Lacktischen aßen und tranken, die im Nu mit einem feuchtheißen Tuch gereinigt werden konnten. Auch heute noch sollte man möglichst einen ungedeckten Tisch mit einer Oberfläche benutzen, die durch heißes Wasser nicht beschädigt werden kann. Denn bis man genug Erfahrung gesammelt hat, um das Eingießen bei einer Teestunde wirklich zu beherrschen, entstehen bei der Zubereitung von Kung-Fu-Tee leicht kleine Wasserpfützen.

Sitzordnung der Gäste und Anordnung der Utensilien

Der Gastgeber und seine zwei oder drei Gäste sitzen um den Tisch herum. Zur Rechten des Gastgebers stehen der Wasserkessel, der Ofen und dessen Zubehör; zu seiner Linken befindet sich auf dem Boden ein Napf (nicht erforderlich, wenn auf dem Tisch eine Teeplatte mit Wasserablauf steht). Vor ihm, auf der Teeplatte, steht das «Boot» mit der kleinen Teekanne und den Tassen. Rechts von der Teeplatte befinden sich die Teebüchse und das Gestell für den Kessel, links das Tablett mit dem gefalteten Teetuch und dem Teelöffel. Hinter der Teeplatte befindet sich die Platte für die Tassen.

Sobald «der Deckel des Kessels klappert und Dampfwolken aufsteigen», ist der große Augenblick des Aufgießens gekommen. Jetzt ist es am Tee-Meister, sein Können zu beweisen.

Anwärmen der Teekanne

Das Feuer im Ofen wurde kräftig angefacht; das Wasser im Kessel, der direkt auf der Holzkohle oder auf einem niedrigen Dreifuß steht, hat zu kochen begonnen. Jetzt wird der Kessel vom Ofen abgehoben und etwas von dem kochenden Wasser dazu benutzt, den Topf auszuschwenken, ehe die Teeblätter hineingeworfen werden.

Dieses Ausschwenken ist sehr wichtig; denn eine für Kung-

1 Ofen auf Holzgestell
2 Eiserne Schürhaken
3 Fächer
4 Kessel
5 Teebüchse
6 Teekanne
7 Schale oder «Tee-Boot»
8 Tassen
9 Teeplatte (rechteckig oder rund)
10 Platte für Tassen
11 Tablett mit Teelöffel und Tuch
12 Gestell für den Kessel
13 Tisch
14 Napf für abgegossenes Wasser
15 Sitz des Gastgebers
16 Sitze der Gäste

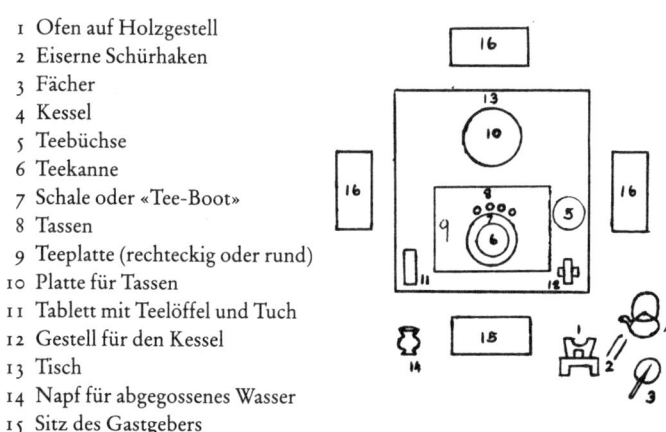

Fu-Tee verwendete Kanne ist so winzig, daß die Hitze der für jeden Aufguß benötigten Wassermenge sich schnell verflüchtigt. Das läßt sich ausgleichen, indem man die Kanne mit kochendem Wasser vorwärmt. Dabei gießt man Wasser so in die leere Kanne, daß es in das Tee-Boot, in dem sie steht, überläuft, bis Kanne und Boot voll sind. Auf diese Weise wird die Kanne von innen und außen gewärmt. Fünf Sekunden später nimmt man sie aus dem Boot, und das Wasser wird durch die Löcher im Oberteil der Teeplatte weggegossen (oder auch in den Napf am Boden), das Wasser im Tee-Boot ebenfalls.

Der erste Aufguß

Jetzt gibt man so viele Teeblätter in die Kanne, daß diese im Falle von halbfermentiertem Oolong-Tee zur Hälfte, im Falle von grünem Tee zu einem Drittel gefüllt ist. (Dieses Verhältnis von Tee zu Wasser mag ungewöhnlich groß erscheinen, doch bleibt das Wasser vor dem Eingießen in die Tassen nur wenige Augenblicke auf den Blättern.) Der Kessel wird wieder vom Ofen genommen, Teekanne und Tee-Boot werden erneut mit heißem Wasser gefüllt. Der Deckel wird sofort wieder aufgesetzt, und der Kessel kommt nun auf das kleine Gestell in Reichweite der rechten Hand des Gastgebers. Obwohl das Wasser beim ersten Eingießen fast kochend ist, sinkt seine Temperatur in der vorgewärmten Kanne rasch um einige Grad, da die Menge so gering ist. Das Eingießen erfolgt mit kreisender Handbewegung und so, daß das Wasser alle Teeblätter gleichmäßig trifft. Bei jedem weiteren Aufgießen wird der Deckel der Teekanne schnell wieder aufgesetzt. Seltsamerweise wird der erste Aufguß nicht getrunken, sondern sofort weggeschüttet. Man nennt das «die Blätter waschen».

Der zweite Aufguß

Dieser folgt unmittelbar auf den ersten. Die Kanne wird neu gefüllt, und das Wasser bleibt so lange auf den Teeblättern, bis der Gastgeber die Tassen ausgespült hat, indem er heißes Wasser in und über sie gießt und es dann durch die Löcher in der Teeplatte abfließen läßt. Das Anwärmen der Tassen muß in dreißig Sekunden erledigt sein, weil das Wasser in der Kanne sonst zu lange auf der relativ großen Teemenge steht und der Aufguß zu stark würde. Die Tassen werden ganz dicht nebeneinander auf die Tassenplatte gestellt, um das Eingießen zu erleichtern.

Das Eingießen

Der Tee wird aus der Kanne mit derselben kreisenden Bewegung wie beim ersten Mal eingegossen, so daß jede Tasse nach und nach gefüllt wird, statt daß man zuerst eine füllt, während die anderen warten müssen. Eventuell in der Kanne verbliebene Flüssigkeit wird sofort in die Teeplatte oder den Napf am Boden weggeschüttet, damit sie nicht zu lange auf den Blättern steht. Inzwischen nimmt sich jeder Anwesende eine

Tasse und beginnt, den Tee zu schlürfen. Da die Tassen selten größer sind als der obere Teil des Daumens, unterliegt man vielleicht der Versuchung, den Inhalt mit einem Schluck auszutrinken. Damit würde jedoch das Ziel der sorgsamen Zubereitung – vollkommenes Aroma und feinster Geschmack – zunichte gemacht. Der Tee sollte langsam genossen werden.

Die weiteren Aufgüsse

Sobald die Tassen wieder auf ihrem Platz stehen, wird mit Wasser aus dem immer noch heißen Kessel ein neuer Aufguß bereitet. Insgesamt mag es zu vier Aufgüssen kommen. Der erste (den sofort weggeschütteten nicht eingerechnet) sollte etwa dreißig Sekunden auf den Teeblättern verbleiben, jeder der folgenden Aufgüsse nur zehn Sekunden.

Grüner Kung-Fu-Tee

Seltener als halbfermentierter wird grüner Tee als Kung-Fu-Tee verwendet. Die Zubereitung ist identisch, nur sollten, wie bereits erwähnt, die Blätter lediglich ein Drittel der Teekanne füllen statt der Hälfte.

Reinigung der Accessoires

Nach Beendigung der Teestunde werden Blätter und Flüssigkeit schnell beseitigt. Ohne sich von seinem Sitz zu erheben, wischt der Gastgeber die Utensilien mit dem Teetuch ab, bis sie trocken und fleckenlos sauber sind. Bis zu diesem Zeitpunkt mag das Teetuch, das mit dem Teelöffel auf einem kleinen Tablett liegt, keine besondere Rolle gespielt haben. Doch pflegt die Zubereitung von Kung-Fu-Tee allerlei Unreinheiten zu verursachen, ehe man die komplizierte Handhabung meistert. Deshalb sollte man während der ganzen Teestunde ein

Tuch zur Hand haben, um Tropfen und Spritzer beseitigen zu können.

Ein guter Rat

Natürlich ist es ideal, wenn man die Möglichkeit hat, einem Fachmann bei der Zubereitung von Kung-Fu-Tee zuzuschauen, ehe man es selbst versucht. In Europa oder Amerika ist das jedoch leichter gesagt als getan. Es wird aber in der Praxis keine großen Schwierigkeiten geben, wenn man zur Übung gewöhnlichen, billigen Tee nimmt und die Anweisungen sorgfältig befolgt. Es mag schwierig sein, an eine Teeplatte zu kommen, doch kann man auch eine Wärmeplatte nehmen, deren Oberteil Löcher hat. Andernfalls setzt man die Tassen auf eine einfache flache Platte und stellt für das wegzuschüttende Wasser ein Gefäß auf den Boden.

Ungewöhnliche Arten der Teezubereitung

In mehreren Regionen Chinas haben sich besondere Arten der Teezubereitung aus alter Zeit bis zum heutigen Tag erhalten. So wird Ziegeltee in südwestlichen Provinzen tatsächlich wie Suppe zusammen mit Zusätzen von Sesam, Ingwer, Zitrusschalen und dergleichen *gekocht*.

In der an Burma grenzenden Provinz Yünnan ist gerösteter Tee sehr beliebt, besonders der heute auch schon im Abendland erhältliche P'u-Êrh-Tee oder der Shan-Tee aus Burma, der köstlich schmecken kann. Die Röstvorrichtung ähnelt einer Schöpfkelle mit langem Stiel. Während des Röstens werden die Blätter ständig geschüttelt, damit die Hitze gleichmäßig verteilt wird. Nach einigen Minuten nehmen sie eine bräunliche Färbung an und können dann wie gewohnt zubereitet werden.

Nomadenstämme kochen nicht nur ihren Ziegeltee, sondern mischen ihn auch kräftig in einem speziellen Tee-Mixer mit Salz und Butter. Ist die Butter wirklich frisch und hat man sich darauf eingestellt, eher eine Art Suppe zu sich zu nehmen als das, was wir gewöhnlich unter Tee verstehen, dann schmeckt er angenehm.

11 TEE UND KERAMIK

Die glückliche Ehe, die Tee und Keramik eingegangen sind und die bis heute andauert, wurde wahrscheinlich schon geschlossen, lange bevor Lu Yü mit seinem *Klassischen Buch vom Tee* die Morgendämmerung der aufgezeichneten Teegeschichte einleitete. Auf jeden Fall ist dieses wunderschöne Paar nun schon seit über dreizehnhundert Jahren praktisch unzertrennlich. Es gibt Gründe für die Annahme, daß die Menschen schon lange vor der Zeit, als der erste T'ang-Kaiser im Jahre 618 n. Chr. den Drachenthron bestieg, Tee getrunken haben – zumindest zu medizinischen Zwecken. Leider gestaltet die Konfusion über die Schriftzeichen für Tee und das bittere Kraut *t'u* es schwierig, genau festzustellen, wann das Teetrinken seinen Anfang nahm. Das gilt weitgehend auch für Teezubehör aus Keramik, da neuere Entdeckungen die Prototypen immer weiter zurückdatieren.

Bei Ausgrabungen in ganz China hat sich inzwischen herausgestellt, daß es glasierte Keramikgefäße schon in der Han-Dynastie gegeben haben dürfte (den beiden ersten Jahrhunderten nach Christus). Zumindest liegen Beweise dafür vor, daß tiefblau glasierte Steingutgefäße aus der Provinz Chekiang damals speziell für diesen Zweck angefertigt wurden. Und aus Scherben schwarzer Gefäße mit glänzender Glasur, die während der Chin-Ära im Süden dieser Provinz hergestellt wurden (im dritten und vierten Jahrhundert unserer Zeitrechnung), ergibt sich eine bemerkenswerte Ähnlichkeit mit Fragmenten von Tee-Utensilien. Es wird auch behauptet, das *kang,* ein Krug mit schmalem Gießer aus sehr früher Zeit, sei bis heute in Gebrauch geblieben. Leider habe ich niemals jemanden daraus trinken sehen; doch verwenden anscheinend einige Bewohner des westlichen China, die den in einer eisernen Schöpfkelle gerösteten Tee trinken, immer noch das ursprüngliche *kang* als kombiniertes Aufguß- und Trinkgefäß.

Die T'ang-Dynastie

Obwohl Teekannen schon während der frühen T'ang-Dynastie existiert haben mögen, waren sie nicht so allgemein verbreitet, daß sie zusammen mit ihren Benutzern Eingang in die Geschichtsbücher gefunden hätten. Um die «Suppe» herzustellen, wie Teewasser damals genannt wurde, das im Stil der T'ang-Ära mit verschiedenen Ingredienzien gekocht wurde, verwendete man entweder eine «Flasche» aus Steingut oder aber ein Gefäß mit langem Handgriff. Einige Jahrhunderte lang benutzten die T'ang-Aristokraten zum Aufgießen und Trinken des Tees Gefäße aus Gold und Silber, während das gemeine Volk weißglasiertes Steingut verwendete. Dann wurde bläuliche Keramik populär. (Hier und anderswo in diesem Kapitel sollten manchmal vielleicht anstelle von «blau» und «bläulich» die Worte «grün» und «grünlich» stehen, denn im chinesischen Text findet man das Schriftzeichen *ch'ing,* das mehrere Farben bezeichnet, da es wörtlich etwa «mattfarbig» bedeutet.) Später bevorzugte man eine Art, die wegen der Ähnlichkeit mit diesem schönen Stein unter dem Namen «falsche Jade» bekannt war, und noch später reinweiße Keramik. Künstlerisch hervorragende Keramiken scheinen jedoch erst in der Sung-Ära aufgetaucht zu sein, und die Teekanne nicht vor der Ming-Dynastie.

Durch einen merkwürdigen Zufall trat die Art von Untertasse, die zum Halten einer Teetasse dient, schon sehr früh in

Erscheinung, obwohl sie in China bis vor kurzem selten benutzt wurde (ausgenommen in Verbindung mit dem *chung*, der Teeschale mit Deckel). Zur Zeit des Kaisers Tê Tsung (674–680) pflegte eine für ihre Kindesliebe bekannte Dame den Tee für ihren Vater zuzubereiten. Das Problem war, wie sie ihm eine volle Schale reichen konnte, ohne sich die Hände zu verbrennen. Zunächst stellte sie die Schale auf eine kleine Eisenplatte. Da die Schale aber rutschte und den Tee überschwappen ließ, wollte sie Bienenwachs unter die Tasse kleben. Doch auch diese Lösung gefiel ihr nicht. Schließlich bat sie einen Lackfabrikanten, auf der Mitte der kleinen Platte einen kreisförmigen Rand aus Lack anzubringen, gerade groß genug, um den Boden einer Teetasse festzuhalten. Auf diese Weise entstand die erste Untertasse.

Die Sung-Dynastie

Sung-Keramiken gehören zu den anmutigsten Errungenschaften des alten China, da sie sich durch ihre exquisiten Formen, die tiefdunklen Farben und durch schlichte Eleganz auszeichnen. Für das Aufgießen und Trinken von Tee am meisten benutzt wurde das *chien*, eine flache Schale. Die Schalen aus Chien-An in der Provinz Fukien aus schwarzglasierter Keramik mit dem «Kaninchenfell» genannten Muster wurden hoch bezahlt. Es gab insgesamt fünf berühmte Brennereien in verschiedenen Provinzen, von denen jede ihre besondere Art von *chien* herstellte. Schwarz blieb die Lieblingsfarbe, denn die Menschen der Sung-Ära bevorzugten weißen Tee und genossen den farblichen Gegensatz. Andere beliebte *chien*-Farben waren Blau, Blauweiß und die Farbe von Molasse. Neuerdings datiert man Prototypen exquisiter weißer Ching-Tê-Tassen und des naturfarbenen Steinguts der berühmten I-Hsing-Teekannen bis in die T'ang-Ära zurück, doch dauerte es noch sehr lange, bis sie zu hochgeschätzten Utensilien der Teeliebhaber wurden. Inzwischen erreichten die typischeren Sung-Produkte größte Vollkommenheit, wie die noch vorhandenen Exemplare in verschiedenen Kunstsammlungen in der ganzen Welt zeigen. Glücklicherweise übten sie auch großen Einfluß auf die koreanische Keramik aus, die sich bis in unsere Zeit von diesen Meisterwerken inspirieren ließ. Größten Wert legte man auf das, was gelehrte Chinesen *yu-ya* (wörtlich: «tiefe Eleganz») nannten. Ein *yu-ya*-Gefäß mußte eine anmutige Form, matte Farben und jene edle Schlichtheit besitzen, die jedes gekünstelte oder prunkvolle Dekor als vollkommen undenkbar erscheinen ließ.

Die Begeisterung der Menschen der Sung-Ära für edle Keramik und Tee wird durch folgende Geschichte verdeutlicht. In Hu-Chou lebte ein vornehmer Herr, dessen Tee-Accessoires von großer Schönheit waren und der sich die feinsten Teesorten schicken ließ, sobald sie auf dem Markt erschienen. Eines Tages kam ein Bettler an seine Tür und sagte in kultivierter Sprache, die auf seltsame Weise mit seiner äußeren Erscheinung kontrastierte: «Mein Herr, ich habe gehört, Euer Tee sei köstlich. Erlaubt meiner unwürdigen Person zu beurteilen, ob er diesen großen Ruf wirklich verdient.» Etwas verdutzt ordnete der Hausherr an, für den zerlumpten Bettler eine Kanne Tee aufzugießen. Erstaunlicherweise war dieser nicht sehr beeindruckt, sondern sagte nur: «Nun ja, er läßt sich trinken. Das Aroma ist jedoch zu schwach. Ich erlaube mir den bescheidenen Hinweis, daß Eure schöne neue Teekanne nicht den exquisiten Beigeschmack liefern kann, den eine Kanne gibt, die schon seit Jahrzehnten ständig gebraucht wird.» «Woher wißt Ihr das?» fragte der reiche Mann. «Ihr seht nicht gerade nach einem Kenner aus.» «Ich bin aber einer», antwortete lächelnd der andere. «Einst war ich reich genug, mir einen extravaganten Geschmack für kostbare Tees leisten zu können; doch habe ich nach und nach mein Vermögen dafür vergeudet. Meinen Besitz habe ich Stück für Stück verkauft und nur einen Gegenstand behalten – diese Teekanne, von der ich mich niemals trennen werde.» Er holte sie aus der Tasche seines Gewandes und fragte: «Vielleicht würdet Ihr Euch herablassen, einmal zu probieren, wie der Tee daraus schmeckt?»

Die Kanne war wirklich bezaubernd und während der vielen Jahre ihrer Verwendung so gut gepflegt worden, daß ihre Innenseite die Ablagerungen vergangener Aufgüsse bewahrt hatte, die den Geschmack selbst des feinsten Tees noch bereichern. Natürlich verlangte es den reichen Mann, diese Kanne zu besitzen, weshalb er einen höchst verlockenden Preis dafür bot. Der Bettler lehnte ab. «Keine tausend Goldstücke könnten mich in Versuchung führen. Doch könntet Ihr sie zur Hälfte erwerben, und zwar für nur fünfhundert Unzen Silber. Wenn Ihr zustimmt, lasse ich die Kanne hier und komme einmal täglich vorbei, um einen Aufguß Tee zu genießen.» Der reiche Mann stimmte freudig zu. Danach bereiteten die beiden sich Tag für Tag feinsten Tee und tranken ihn zusammen.

Vielleicht sollte diese Geschichte lediglich die Redewendung illustrieren: «Der Preis für eine Kanne Tee eines reichen Mannes würde einen Bettler ein halbes Jahr lang ernähren.» Sie könnte aber auch wahr sein, wie man aus einer modernen Variante entnehmen kann, die gegen Ende dieses Kapitels wiedergegeben werden soll.

Die Yüan-Dynastie

Während der Herrschaft dieser kurzlebigen (mongolischen) Dynastie wurden zwar im Bereich der Naturwissenschaften außergewöhnliche Fortschritte erzielt, doch konnten die Künste damit nicht Schritt halten. Die Teetrinker jener Epoche bevorzugten verschiedene Arten von *chien* – bläuliche, blaue und weiße oder mehrfarbige.

Die Ming-Dynastie

In der frühen Ming-Ära machte das *p'ing*, oder die «Flasche», endlich dem Wasserkessel Platz und das *chien* der Teekanne. Deren Popularität führte natürlich zu starker Nachfrage nach Teegeschirr. Das Wort für «Flasche» wurde zwar weiter verwendet, bezeichnete jedoch von da an eine Art von Teebüchse aus Keramik. Ausgedehnte Experimente auf dem Gebiet der Keramik führten zu neuen Höhen der Eleganz und Pracht. Für die Brennöfen von I-Hsing begann eine bis heute andauernde Blütezeit. Die Entstehungsgeschichte: Ein Mönch vom Kloster Goldener Sand, das dreizehn Meilen südöstlich von I-Hsing liegt, war ein Freund der Töpferei und hatte viele Freunde unter den Tongräbern. Eines Tages soll er eine Handvoll Ton genommen, ihn dreimal verfeinert und daraus eine Teekanne gefertigt haben, eine unmittelbare Vorläuferin der zahllosen I-Hsing-Teekannen, die seither die Herzen von Generationen von Teeliebhabern in ganz China erobert haben. (Manchmal nennt man sie Yang-Hsien-Teekannen, zu Ehren des berühmten Tribut-Tees gleichen Namens.)

Die Entdeckung, wie man Ton verschiedener Farbe herstellt, wird einem buddhistischen Mönch zugeschrieben, der in diesem Gebiet lebte. Man erzählt dazu folgendes: Vor langer Zeit wanderte ein Mönch von Dorf zu Dorf, um Käufer für etwas zu finden, was er «Reichtum-und-Ehren-Erde» nannte. Schließlich wollten einige Dorfbewohner das Angepriesene sehen, und er führte sie zum Berg des Grünen Drachen, dem Berg des Gelben Drachen, dem Berg der Weißen Juwelensteine und zu verschiedenen anderen Plätzen. Er wies hierhin und dorthin und sagte: «Die ganze Erde in diesen

Hügeln ist ‹Reichtum-und-Ehren-Erde›. Grabt und seht selbst!» Das taten sie und entdeckten Tonerde in sieben Farben. Seither wird daraus «Steingut der sieben Farben» hergestellt. Zweifellos wurden diese Bauern reich. Der Bericht ist natürlich eine Legende; doch werden Teeliebhaber niemals müde, märchenhaften Geschichten zu lauschen, besonders, wenn sie eine poetische Wahrheit enthalten.

Die Ch'ing-Dynastie

Während der Ch'ing-Ära wurden die vielen neuen Arten von Keramik, die während der Ming-Dynastie entstanden waren, weiterentwickelt und vervollkommnet. Die Produktion war größer als je zuvor, und vieles davon war von hervorragender Qualität. Doch gab es während der letzten Jahre der Ch'ing-Dynastie eine Tendenz zu übertriebener Verzierung. Außerdem wurden große, für den Export bestimmte Mengen dem Geschmack einiger südostasiatischer und westlicher Länder angepaßt. Andererseits wuchs im Westen die Nachfrage nach wirklich feinem chinesischen Porzellan, vor allem nach Celadon. Infolge verschiedener Schicksalsschläge, die China erleiden mußte, findet man heute viele der schönsten noch erhaltenen Stücke chinesischer Keramik nur noch in Europa und Amerika.

Während der Ch'ing-Ära blieben die Teeliebhaber ihrer Vorliebe zu I-Hsing Teekannen treu und verwendeten sie am liebsten zusammen mit Ching-Tê-Tassen, vor allem mit weißen. Natürlich gab es daneben auch andere Arten von Tee-Accessoires, einschließlich blauen und weißen, Celadon, geflecktes goldfarbenes Porzellan aus Kwantung, lackierte Keramiken aus Fukien und dergleichen. Während der Herrschaft von Kaiser Yung Chêng (1723–1736) wurde eine Norm für die Beurteilung von Teetassen ausgearbeitet, die seither Bestand hat. Sie sollten dünn wie Eierschalen sein, von strahlend reinem Weiß, bei leichtem Antippen wie Glöckchen klingen und wie ein Spiegel glänzen. Von besonderem Interesse sind Tassen und Teekannen, die während dieser Dynastie für den Export nach Thailand hergestellt wurden. Sie sind aus feinem, stark glänzendem Steingut, dessen Kanten, Gießer und Deckel durch schmale Metalleinfassungen gegen das Absplittern geschützt waren. Man findet sie heute noch in verschiedenen Läden in Bangkok, doch sind sie mittlerweile ziemlich teuer geworden.

Die Dynastien Ming und Ch'ing zusammen könnte man als das Goldene Zeitalter der chinesischen Keramik bezeichnen. Da gab es: mattgrünes Celadon; blaues und weißes Porzellan, dessen herrliches Blau das Ergebnis eines Verfahrens war, das man aus Zentralasien übernommen hatte; verziertes Porzellan mit bis zu sieben leuchtenden Farben; das sogenannte Ochsenblut-Porzellan, dessen häßlicher Name im Gegensatz zum Reichtum einer Farbe steht, die nicht einmal von der Pracht dunkler Rubine erreicht wird; Ching-Tê-Porzellan von unwahrscheinlich reinem Weiß; die vielen Arten glasierten Steinguts, welche die natürliche Färbung eines breiten Spektrums von Tonerden bewahren; Hunderte von Formen – einfache, raffinierte, elegante, anspruchslose, bizarre, groteske; und die zahlreichen Arten der Verzierung durch den Pinsel des Kalligraphen oder Künstlers, durch die Dekoration der Oberfläche der Gefäße mit Lack, Email, kostbaren Metallen und dergleichen. Alles zusammen offenbart ein Maß an Kreativität, handwerklicher Kunstfertigkeit und Phantasie, wie es wahrscheinlich nie wieder erreicht werden wird. Die Rolle, die der Tee bei dieser Entwicklung gespielt hat, kann man gar nicht hoch genug einschätzen. Seitens der Aristokraten und Gelehrten bestand ein unerschöpflicher Bedarf an Teekannen, Teetassen und Teebüchsen, die Originalität und Schönheit zu vereinen pflegten.

Alle bisher über chinesische Keramik geschriebenen Bücher erfassen nur einen Teil der Fülle. Zwar wurden die meisten wesentlichen Entwicklungen dieser Kunst mehr oder weniger vollständig von chinesischen und westlichen Experten dokumentiert, doch blieb die Schönheit vieler keramischer Objekte unerwähnt, weil es zu viele davon gab, als daß sie noch besondere Beachtung fanden. In ganz China gab es Töpferöfen, deren Erzeugnisse, obwohl kaum über die unmittelbare Umgebung hinaus bekannt, heute als Spitzenprodukte beurteilt werden würden. Um nur ein zufälliges Beispiel herauszugreifen: Als ich während der 1930er Jahre zwölf Monate in der Provinz Yünnan verbrachte, stieß ich auf weißgraue irdene Teetassen, die innen und teilweise auch außen mit einer apfelgrünen Glasur bedeckt waren, die nach dem Boden zu in unregelmäßigen Linien ausfaserte. Sie wurden zum Preis eines halben Cent pro Stück verkauft. Da ich zu jener Zeit nicht wissen konnte, welch verheerende Umwälzungen der Krieg auslösen würde, dachte ich nicht daran, die Teetassen in meine Heimat mitzunehmen. Ach, wenn ich sie jetzt besäße! Ich glaube, ich brächte es fertig, auch sehr lukrative Angebote für sie abzulehnen! Und so wie mir wird es vielen ehemaligen Bewohnern chinesischer Provinzen ergangen sein. Diese entzückenden Tassen und Schalen waren wie Blumen, «dazu geboren, ungeschaut zu blühen und ihre Süße an die Wüstenluft zu verschwenden».

1912–1949

Nach dem Zusammenbruch der Ch'ing-Dynastie im Jahre 1911 begann eine Zeit der Revolution und allgemeiner Unruhen, dazu ein langer, erschöpfender Krieg mit Japan. Die Herstellung von Keramiken wurde, soweit wie möglich, fortgeführt, doch gab es keine auffallenden Neuentwicklungen mehr.
Bevor ich mich daran mache zu berichten, was seit der

kommunistischen Revolution geschehen ist, möchte ich noch eine Geschichte aus den dreißiger Jahren erzählen, die in einem der Bücher meines Teefreundes steht. Sie wurde ihm von jemandem berichtet, der an den geschilderten Ereignissen beteiligt war. Für mich ist sie deshalb von besonderem Interesse, weil sie auf die mögliche Wahrheit der kaum glaubhaften Sung-Legende vom Bettler und seiner Teekanne hinweist – offenbart sie doch, wie weit Teeliebhaber zu gehen bereit sind, um im Besitz einer Teekanne zu bleiben, die sie viele Jahre gehegt und gepflegt haben.

Im Haus einer wohlhabenden Familie in Hsü-Chou nördlich von Shanghai quartierte sich ein dorthin versetzter Offizier ein. Der Hausherr war gerade abwesend. Deshalb machte dessen Sohn die Honneurs und veranstaltete für den Gast ein Bankett, dem eine Teestunde folgte. Die dabei benutzte Teekanne war so bezaubernd, daß der Offizier, der sie zur genaueren Ansicht in beide Hände genommen hatte, sie gar nicht mehr absetzen mochte. Angesichts dieser Begeisterung sagte der junge Gastgeber höflich: «Werter Herr, ich überlasse Ihnen die Kanne gerne als Gastgeschenk.» Ohne zu erröten, akzeptierte der Offizier dieses Angebot. Als der Vater des jungen Mannes zurückkehrte und hörte, daß seine Lieblingsteekanne nicht mehr da war, wurde er begreiflicherweise zornig. Doch was konnte er machen? Wie verlangt man ein Geschenk zurück? Schließlich befahl er seinem Sohn, dem inzwischen in ein anderes Quartier verlegten Offizier eintausend Silberdollar zu übergeben und ihn dann inständig zu bitten, die Teekanne zurückzugeben – was glücklicherweise geschah.

Die Zeit nach 1949

Die Nordchinesen in der VR China bereiten ihren Tee in verhältnismäßig großen Teekannen. Denn im Norden, wo es, abgesehen von Peking, während der letzten Jahrhunderte wenig Teeliebhaber gegeben hat, trinkt man überwiegend Blütentee, für dessen Aufguß relativ große Teekannen geeignet sind. Im Gebiet von Shanghai und weiter südlich ist ein neues Utensil in Mode gekommen, eine Teekanne mit Henkel und Deckel, die sowohl zum Aufgießen wie zum Trinken benutzt wird. Obgleich diese Kanne alles andere als elegant ist, paßt sie in eine Gesellschaft, in der viele Leute sich Tee nicht leisten können oder sich nichts aus ihm machen und in der diejenigen, die ihn genießen, das für sich alleine mit einem Minimum von Aufwand tun. In den westlichen Provinzen jedoch ist das traditionelle *chung* noch populär. Es dient sowohl zum Aufgießen als auch zum Trinken. In und um Shanghai werden für grünen Tee manchmal Gläser mit Deckeln benutzt. Wirkliche Teeliebhaber bleiben jedoch den I-Hsing-Teekannen und Ching-Tê-Tassen treu oder verwenden modernes Celadon-Teegeschirr.

Für Leute im Westen, die Tee gerne auf die hier beschriebene traditionelle Art genießen möchten, ist es ein Glück, daß die VR China die Produktion und den Export von traditionellen Tee-Accessoires wiederaufgenommen hat, einschließlich Ching-Tê-Tassen (weißen und farbigen) und Sets von Celadon-Teegeschirr. In Shang-Shan, unweit von Shanghai, wird ebenfalls nach einer Pause von dreihundert Jahren wieder Celadon-Teegeschirr hergestellt.

Erzeugnisse der I-Hsing-Töpfereien

I-Hsing liegt in Kiangsu nahe dem Westufer des T'ai-Hu-Sees und gegenüber von Soochow, einer Großstadt, die seit langem wegen ihrer Kanäle, gewölbten Brücken, Landschaftsgärten, hübschen Teehäuser, kultivierten Gelehrten und anmutigen Mädchen berühmt ist. Zwischen der Stadt und dem See liegt ein Gebiet mit Hügeln und Flüssen, in dem für Keramik geeigneter Ton in vielen Farben vorkommt. Die besonders typischen irdenen Teekannen mit dem Namen Yang-Hsien oder I-Hsing sind matt, erdfarben und mit ein oder zwei Linien meisterlicher Kalligraphie verziert. Die für Kung-Fu-Tee bestimmten sehr kleinen Tassen sehen aus, als wären sie für eine Teeparty von Puppen bestimmt – handelt man doch nach dem Grundsatz: Je kleiner die Tasse, desto weniger Aroma geht verloren. Außerdem würden große Teekannen durch einmaliges Füllen der Tassen nicht leer werden und die Blätter darin zu lange ziehen. Die matten Farben und verschiedenartigen Formen von I-Hsing-Teekannen sind ähnlich faszinierend wie Edelsteine oder andere Kostbarkeiten.

Sie erlangten ihren einzigartigen Ruf erst nach der Mitte der Ming-Ära (dem frühen sechzehnten Jahrhundert). Obwohl seit jener Zeit Hunderte von verschiedenartigen Formen kreiert wurden, werden die aus der Zeit vom 16. bis 19. Jahrhundert stammenden immer noch reproduziert. Man unterteilt sie in vier Kategorien: «geometrisch» (sphärisch, zylindrisch, kubisch, rechteckig und so weiter); «naturalistisch» (sie ähneln Baumstämmen, Pflanzen, Blumen, Insekten und so weiter); «gerippte» oder «in Segmente unterteilte» (stilisierte Blumen-, Früchte- und Pflanzenformen); und schließlich «Miniatur-Teekannen» (die winzigen, für Kung-Fu-Tee benutzten Kannen). Bei den meisten befindet sich der Henkel auf der einen und der Gießschnabel auf der anderen Seite, bei einigen jedoch ist der Henkel oben. Gewöhnlich sind sie in den natürlichen Tonfärbungen gehalten – braun, gelblich, rötlich, grün, blau oder purpurfarben. Einige sind unglasiert, andere, vor allem die für Thailand bestimmten, stark glasiert. Es gibt betont einfache Formen, aber auch andere, die von kunstfertigen Töpfern mit Blumen- oder anderen Mustern verziert sind. So kann beispielsweise der Gießschnabel die Form eines Drachenhauptes haben, der Knopf des Deckels ein kleiner Frosch oder eine Eidechse sein, der Henkel ein Pflanzenstengel und dergleichen.

In der Ch'ing-Zeit kamen raffiniertere Formen der Oberflächendekoration auf. Appliqué-Verzierungen, aufgeprägte Muster, Glasuren, farbiges Email und selbst Lack fanden sich auf Teekannen. Während der Herrschaft des Kaisers Chia Ch'ing (1796–1820) machte sich der bekannte Poet Ch'ên Man-Shing auch als Designer für Teegeschirr einen Namen. Durch ihn kamen einfarbige Teekannen in Mode, in die Bruchstücke von Gedichten kalligraphisch eingraviert waren. Die meisten dieser Kannentypen kann man heute noch erwerben. Auf dem Boden der alten Teekannen findet man den Namen des Töpfers eingraviert; später wurde es üblich, außerdem noch das persönliche Siegel des Töpfers festzuhalten. Als die Produktion gegen Ende des 19. Jahrhunderts stärker kommerzialisiert wurde, kamen auch noch die Namen der Firmen hinzu.

Die in unserem Jahrhundert gefertigten I-Hsing-Teekannen erreichen selten die Qualität der besten in früheren Zeiten produzierten. Meist sind es Kopien der typischen Ming- und Ch'ing-Erzeugnisse; sie sind dennoch sehr formschön. Seit kurzem ist die Produktion neuer Formen angelaufen; aber auch sie sind von derselben schlichten Eleganz wie die Teekannen aus früheren Zeiten.

Praktische Erwägungen

Wer guten chinesischen Tee genießen will, muß nicht unbedingt chinesisches Teegeschirr haben, obwohl ich, als Traditionalist, dieses vorziehe. Es kommt ja nicht jeder ohne weiteres an eine I-Hsing-Teekanne und einen Satz weißer Ching-Tê-Porzellantassen, Tassen aus grüner oder weißer Jade oder Kanne und Tassen aus modernem Celadon. Es müssen also

Alternativen gefunden werden. Es gibt überall einfallsreiche Menschen, die irgendwo wirklich schöne Dinge auftreiben oder selbst herstellen, beispielsweise Tassen und ein Tablett aus knorrigen Wurzeln, Treibholz oder hohlem Bambus – es gibt unendlich viele Möglichkeiten. Wichtig ist nur, daß alle Accessoires miteinander harmonieren, ob sie nun aus ähnlichem oder kontrastierendem Material hergestellt sind. Heutzutage findet man kunstfertige Töpfer in allen Teilen der Welt, und einige ihrer Tassen und Teekannen verraten chinesischen oder japanischen Einfluß. Vielleicht entdeckt man eines Tages ein Stück, das geradezu danach verlangt, mit nach Hause genommen und wie eine Kostbarkeit behandelt zu werden.

Obwohl ich grundsätzlich für Einfachheit bin, glaube ich doch, daß Tee am besten aus schönem, nicht zwangsläufig teurem Geschirr genossen wird. Die Kombination von feinem Tee, reizvollen Gegenständen und einer wohltuenden Umgebung übt eine therapeutische Wirkung aus, die den Streß des modernen Lebens vergessen läßt. Unter Umständen kann sogar eine spirituelle Stimmung entstehen. Die friedliche Kontemplation und der entspannte Geisteszustand, die durch den Teegenuß erreicht werden, mögen vielleicht auch das Aufdämmern einer Erfahrung bewirken, die auf magische Weise die enge Verbundenheit des Individuums mit seiner gesamten Umgebung offenbart. Deshalb ist es nicht verwunderlich, wenn Zen-Meister als Antwort auf gewollt spitzfindige Fragen lächelnd antworten: «Trink eine Tasse Tee!»

Als Folge der Entdeckung, daß Tee das spezielle Verhalten fördert, das zum Beschreiten des WEGES notwendig ist, sollten wir darauf achten, daß unsere Teestunden frei von banalen Aktivitäten sind. Da die benutzten Gegenstände, die gesamte Atmosphäre und Umgebung uns ein Gefühl der Zurückgezogenheit in eine Welt der Schönheit ermöglichen, ist es wohl auch angebracht, etwas Geld, Zeit und Überlegung für angemessene Tee-Accessoires aufzuwenden.

Chinesischen Teeliebhabern ist ein Dilemma gemeinsam. Einerseits genießen sie Tee gerne in einem Wald, am Ufer eines Sees oder auf einem Berg. Andererseits scheuen sie das Risiko, zartes Teegeschirr auf solche Ausflüge mitzunehmen. Natürlich gibt es für diese Gelegenheiten Picknickkörbe mit Kannen aus Plastik. Aber – feiner Tee und Plastik? Unmöglich! Die chinesische Lösung besteht in gepolsterten Körben, in denen die Tee-Utensilien bruchsicher verpackt werden können. In der Polsterung gibt es genau passende Nischen für Kanne und Tassen. Zu einem Picknick schleppt man gewöhnlich ja nicht viel Gepäck mit. Teeliebhaber machen da eine Ausnahme. Der Tee-Meister Chang T'ieh-Chün aus Taiwan gab folgende Empfehlung: Bei einem Ausflug führt man einen tragbaren Tee-Ofen mit sich, einen Vorrat guter Holzkohle, einen eisernen Schürhaken, einen Fächer, eine Büchse mit gutem Tee, Tassen und Teekanne sowie, falls notwendig, einen Vorrat reinen Wassers.

Diese Art von Teestunden inspirierte Poeten der Sung-Ära zu unzähligen entzückenden Versen. Es ist ein wirkliches Vergnügen, einen Nachmittag oder Abend fern vom Trubel der modernen Welt zu verbringen. Wenn wir uns dazu eine Umgebung von Kiefern, bizarren Felsen, Gebirgsbächen, strahlendem Sonnenschein, Wolkenstimmung bei Sonnenuntergang oder Mondlicht aussuchen, dann können wir jene Atmosphäre hervorrufen, die von den Tee-Meistern der Sung-Dynastie so geschätzt wurde. Wo könnte Tee besser genossen werden als an einem derart poetischen Ort?

12 TEE UND GESUNDHEIT

Seitdem Lu Yü vor zwölfhundert Jahren das erste Buch über Tee schrieb, hat man grüne und halbfermentierte Tees wegen ihrer gesundheitsfördernden Eigenschaften geschätzt. Bis vor gar nicht so langer Zeit wurde die chinesische Heilkunst im Westen kaum beachtet. Doch das hat sich aus mehreren Gründen geändert. Zunächst einmal hat man auch bei uns den Wert der Akupunktur als äußerst wirksamer Heilmethode erkannt. Zweitens findet die Art, wie chinesische Ärzte ihre Patienten behandeln – Medikamente und Verhaltensweisen, die sie verordnen – im Westen immer stärkere Beachtung. Denn in China behandelt man den besonderen körperlichen und geistigen Zustand eines Individuums zum jeweils gegebenen Zeitpunkt und nicht die allgemeine Natur eines Leidens. Das ganzheitliche Heilen wird auch bei uns immer mehr praktiziert. Drittens hat man erkannt, daß aus natürlichen Substanzen hergestellte Medikamente weniger Nebenwirkungen haben als chemische und synthetische. Erfahrungen an Orten wie Hongkong, wo gute Ärzte chinesische *und* westliche Methoden anwenden, zeigen, daß die chinesische Behandlungsmethode bei manchen Beschwerden (vor allem bei Bluthochdruck und anderen inneren Störungen) wirksamer sein kann als die westliche.

Grüner Tee galt in China traditionell als «kühlendes» Getränk. Daß er fast immer heiß getrunken wird, spricht nicht dagegen, denn nach chinesischer Auffassung sind «Kühlen» und «Erhitzen» nicht die Auswirkungen einer Substanz auf die Körpertemperatur, sondern bezeichnen zwei gegensätzliche Kategorien von Wirkungen auf Körperorgane. Wahrscheinlich kommen die Ausdrücke «lindernd» und «anregend» der damit gemeinten Bedeutung näher. Nach den altüberlieferten Texten hat Teegenuß die folgenden heilenden, tonischen oder prophylaktischen Auswirkungen.

Er fördert die Blutzirkulation in allen Teilen des Körpers;
unterstützt klares Denken und geistige Wachsamkeit;
fördert die Ausscheidung von Alkohol und sonstigen schädlichen Substanzen (Fette und Nikotin) aus den Körperorganen;
stärkt die Widerstandskraft des Körpers gegenüber einem breiten Spektrum von Krankheiten;
beschleunigt den Stoffwechsel und die Aufnahme von Sauerstoff durch die Organe;
verhindert Zahnverfall;
reinigt und belebt die Haut, was zur Erhaltung eines jugendlichen Aussehens beiträgt;
verhindert oder verlangsamt Blutarmut;
reinigt den Urin und begünstigt seine Ausscheidung;
bekämpft die Auswirkungen der sommerlichen Hitze;
tut den Augen wohl und macht sie glänzender;
fördert die Verdauung;
lindert Unbehagen in Gliedern und Gelenken;
verhindert schädliche Schleimabsonderungen;
löscht den Durst;
bekämpft Müdigkeit oder Anfälle von Depression, belebt den Geist und führt ein allgemeines Gefühl des Wohlbehagens herbei;
verlängert die Lebenserwartung.

Das ist eine eindrucksvolle Liste. Die moderne medizinische Forschung in Japan und anderen Ländern hat die Gültigkeit der meisten dieser Behauptungen bestätigt und höchstens zwei oder drei in Frage gestellt. So scheint es keine Beweise dafür zu geben, daß Tee Zahnverfall stoppt. Und was die Verlängerung der Lebenserwartung betrifft, ein Ziel, dem Generationen von Taoisten ihre lebenslange Forschung widmeten (wobei sie unabsichtlich mehr als einen Kaiser vergifteten!), so gibt es keine direkten Belege dafür. Unbestritten aber sind die verschiedenen heilenden und vorbeugenden Funktionen des Tees. Doch sollte festgehalten werden, daß alle diese guten Eigenschaften sich mit wenigen Ausnahmen auf grünen und halbfermentierten Tee beziehen. Schwarzer Tee wird im Verlauf seiner vollen Fermentierung einem Verfahren unterzogen, das einige der gesundheitsfördernden Eigenschaften von grünem und halbfermentiertem Tee beeinträchtigt.

Die Ergebnisse moderner Forschung

Die Naturwissenschaftler haben herausgefunden, daß im Tee folgende Substanzen enthalten sind:

Koffein

Dieses Stimulans fördert, wenn es nicht im Übermaß angewendet wird, die Wachheit. Wer morgens nach dem Aufstehen noch lange müde ist, wird entdecken, daß Tee ihn munter macht. Wer bis spät in die Nacht arbeiten muß, wird im Tee ein gutes Mittel finden, um wach zu bleiben. Aus demselben Grunde sollte man natürlich vermeiden, ihn vor dem Schlafengehen zu trinken, wenn man nicht «ein abgehärteter Teetrinker» ist.

Koffein fördert auch die Ausscheidung von Abfallprodukten und den Urinfluß, wodurch die Entgiftung der Leber beschleunigt wird. Wer grünen Tee trinkt, leidet selten an Nierensteinen und sonstigen Nierenbeschwerden. Zu starker oder in übermäßigen Mengen getrunkener Tee kann zu einer Überreaktion des Koffein führen, wobei dann neben schädlichen auch gesunde Substanzen aus dem Körper ausgeschieden werden.

Gerbsäure

Sie bekämpft alkaloide Gifte und ist ein gutes Mittel gegen zu fette Speisen, da sie die Verdauung stark anregt. Natürlich sollte sie nicht in großen Mengen aufgenommen werden, etwa durch das Trinken mehrerer Tassen sehr starken Tees. Andererseits kann starker Tee gelegentlich hilfreich sein, wenn man rasch Alkohol oder fette Speisen abbauen will. Er soll sogar helfen, die schmerzhaften Symptome plötzlichen Nikotin- oder sogar Heroinentzugs leichter zu ertragen.

Gerbsäure zerstört verschiedene Arten schädlicher Bakterien und ist ein Mittel gegen die Folgen großer Hitze. Andererseits wirkt sie ätzend auf Metall, weshalb man keine Teekannen und Kessel aus nicht korrosionsbeständigem Metall verwenden soll.

Vitamin A, B_2, C, D und P

Tee enthält all diese Vitamine. Gegen die Behauptung, Vitamin C werde bei der Herstellung von schwarzem Tee zerstört, gibt es beachtliche Gegenbeweise. Die Nomadenstämme der Mongolei und Zentralasiens ernähren sich fast ausschließlich von tierischen Produkten (Fleisch und Milchprodukte). Ihre einzige Vitamin-C-Quelle sind die gewaltigen Mengen von Ziegeltee, die sie konsumieren. Da Ziegeltee hauptsächlich aus vollfermentiertem Tee hergestellt wird, müßten diese Stämme, wenn die erwähnte Theorie richtig wäre, fast gar kein Vitamin C zu sich nehmen. Da sie jedoch einen äußerst gesunden Eindruck machen, muß angenommen werden, daß bei der Fermentierung zumindest ein Rest des Vitamins erhalten bleibt.

Mangan

Eine sehr kleine, jedoch nicht unbedeutende Menge dieser Substanz wird in grünen und halbfermentierten Tees gefunden. Bei der Verarbeitung zu schwarzem Tee wird sie leider zerstört.

Aromatische Öle

Die aromatischen Öle im Tee spielen eine Rolle bei der Beruhigung der Nerven, der Sauerstoffzufuhr und für den Kreislauf, abgesehen davon, daß sie den Geist und den Atmungsprozeß anregen. Mehrere Tassen starken schwarzen Tees mit recht viel Zucker lindern fast unmittelbar Husten, Heiserkeit und Halsschmerzen.

Die schädlichen Auswirkungen von Tee

Der segensreichen Wirkungen des Tees sind viele; dem stehen nur wenige negative gegenüber. Den meisten Menschen schadet Tee nicht, wenn er nicht im Übermaß getrunken wird oder zu stark ist. Jeder Mensch reagiert natürlich verschieden. Aus gesundheitlichen Gründen sollte schwarzer Tee sofort nach dem Aufgießen getrunken werden. Im Gegensatz dazu können die Blätter von grünem und halbfermentiertem Tee – obwohl Geschmack und Aroma nach dem Aufgießen nur kurze Zeit auf ihrem Höhepunkt bleiben – in der Kanne langsam ziehen beziehungsweise noch einige Stunden lang wiederholt mit heißem Wasser aufgegossen werden; der Aufguß ist in der Regel immer noch wohltuend und angenehm. Tee jedoch, den man nachts aufgegossen und auf den Blättern belassen hat, um ihn am Morgen zu trinken, kann schädlich sein. Wer Frühstückstee mag, aber nicht über die Zeit verfügt, ihn morgens zuzubereiten, sollte ihn am Abend zuvor aufbrühen und dann sehr *gründlich durchsieben*, bevor er ihn in die Thermosflasche füllt. Doch selbst dann pflegen kleine Partikel der Teeblätter durch das Sieb zu fließen, weshalb der frisch aufgegossene Tee in die Thermosflasche gefüllt werden sollte, bevor er die gewünschte Stärke hat, um so die nächtliche Wirkung dieser kleinen Teilchen auszugleichen.

Gegenindikationen

Tee sollte von jedem gemieden werden, der an Schlaflosigkeit oder Übererregbarkeit leidet.

Einige neuere medizinische Entdeckungen

Insbesonders japanische Ärzte sind beim Studium der wohltuenden Wirkungen von grünem Tee zu folgenden Ergebnissen gekommen:

1. Unfermentierte Tees leisten einen wertvollen Beitrag zur Ernährung von Patienten während ihrer Rekonvaleszenz.
2. Tee hilft Flugzeugbesatzungen, während Langstreckenflügen munter zu bleiben.
3. Er hat schlank machende Eigenschaften. Bei normalem Speiseplan mit zusätzlich viel grünem Tee haben einige Leute im Laufe eines halben Jahres ihr Gewicht um mehrere Kilo verringert.
4. Sein relativ hoher Gehalt an Vitamin P macht ihn nützlich in Fällen von Bluthochdruck und Herzkrankheiten.

5. Laut Zeitungsberichten werden regelmäßige Trinker von grünem oder Oolong-Tee selten krebskrank. Die modernen chinesischen Teebücher erwähnen diese Erkenntnis nicht, vermutlich weil sie erst jüngeren Datums ist.

Die äußere Anwendung von Teeblättern

Medizinische Anwendung

Sehr starke Teeaufgüsse, die mehrere Wochen lang regelmäßig als Fußbad verwendet werden, sind oft ein wirksames Mittel gegen Pilzinfektionen, die hartnäckig jeder anderen Behandlung widerstehen. Mehr noch: Man kann die Wahrscheinlichkeit einer Re-Infektion vermindern, wenn man in jedes Paar Socken in der Schublade eine Schicht getrockneter gebrauchter Teeblätter legt.

Gesichtswäsche mit Tee reinigt die Haut und beseitigt Pickel sowie kleinere Hautausschläge: In den bäuerlichen Bezirken Chinas, wo medizinische Hilfe oft nicht erhältlich war, galt starker Tee als wirksames, wenn auch mildes Desinfektionsmittel bei frischen Hautabschürfungen.

Nach einer normalen Haarwäsche wird das Haar durch Spülen mit starkem Tee weich und glänzend. Dieser Ersatz für chemische Shampoos ist nicht nur billiger, sondern auch ohne langfristige Nebenwirkungen, die man bei chemischen Schönheitsmitteln befürchtet.

Wer an Mundgeruch leidet oder seinen Atem nach dem Verzehr von Knoblauch, Zwiebeln, Lauch oder Alkohol reinigen will, sollte einige Zeit Teeblätter im Mund behalten. In Nordchina ist es üblich, den Mund unmittelbar nach dem Essen mit starkem Tee auszuspülen. Das beseitigt nicht nur unangenehme Gerüche, sondern löst auch die an den Zähnen haftenden Speisereste.

Zahnschmerzen lassen sich manchmal durch sanftes Kauen von Teeblättern lindern oder dadurch, daß man die Blätter gegen den schmerzenden Zahn preßt.

Ermüdete Augen werden frisch und glänzend, wenn man sie in schwachem Teeaufguß badet.

Kulinarische Verwendung

«Tee-Eier» schmecken gut, Farbe und Duft sind appetitanregend. Man kocht die Eier zuerst leicht in gewöhnlichem Wasser und gibt dann, nachdem man die Schale sanft aufgeschlagen hat, viele gebrauchte Teeblätter in das Wasser der Kasserolle. Die Eier werden so lange gekocht, bis sie so hart sind, daß man sie pellen und aufschneiden kann.

In Teedampf geräucherte Nahrungsmittel schmecken besser, als wenn andere Stoffe für das Räuchern verwendet werden; außerdem haben sie eine appetitlichere Farbe. Mittel zum Färben von Nahrungsmitteln enthalten manchmal schädliche Bestandteile. Dagegen kann man starken Tee unbesorgt verwenden, um eine anziehende rötlich-braune Färbung zu erzielen.

Sonstige Verwendungsmöglichkeiten

Gebrauchte Teeblätter enthalten Kohlehydrate und bilden deshalb einen guten Dünger für blühende Pflanzen, ob getopft oder in freier Natur. Rosenbüsche profitieren davon, wenn man gebrauchte Teeblätter täglich auf die Erde um ihre Wurzeln streut.

Neue Holzmöbel riechen manchmal unangenehm nach ihrem Furnieranstrich, nach Lack oder ähnlichem. Der Geruch verschwindet, wenn man sie mit starkem Tee abwäscht.

Kleidungsstücke aus Seide oder einem ähnlichen synthetischen Material behalten ihre Farbe und sehen frisch und leuchtend aus, wenn sie in Tee gewaschen werden. Dasselbe gilt für Tatami oder jede Art von Matten, auf denen Leute gehen, sitzen oder schlafen. In heißen Ländern, wo die Menschen der Kühle wegen auf Matten schlafen, sind diese bald mit Schweiß durchtränkt. Wäscht man sie mit starkem Tee, verschwindet der Geruch und sie sehen wieder sauber und neu aus.

Sammelt man täglich die gebrauchten Teeblätter und trocknet sie gründlich in der Sonne, dann lassen sich damit Kissen stopfen. In China glaubt man, der Benutzer solcher Kissen wache morgens mit klarem Kopf und guten Mutes auf.

Einige persönliche Erfahrungen

Ich habe grünen oder halbfermentierten Tee während der vergangenen fünfzig Jahre getrunken. Normalerweise lasse ich mir täglich vier oder fünfmal eine Kanne heißen, frischen Tee zubereiten, wofür die feinsten grünen oder halbfermentierten Sorten genommen werden, die ich mir leisten kann. Auf dem Tablett stehen dann zusammen mit der irdenen Kanne eine kleine henkellose Tasse und ein schöner Bronzekessel für das heiße Wasser. Wenn ich den Duft des frisch aufgegossenen Tees genossen habe, wird das Tablett nicht weggestellt. Denn hier in Thailand trinke ich Tee während des ganzen Tages, wofür die Kanne ein- oder zweimal nachgefüllt wird. Schwarzer Tee wäre ungenießbar, wenn man das Wasser viele Stunden auf den Teeblättern beließe. Grünem oder Oolong-Tee macht es nichts aus, wenn die Blätter so lange in lauwarmem Wasser verbleiben. Natürlich schmeckt er nach einiger Zeit nicht mehr so gut, und auch das Aroma verschwindet nach einer Weile. Dennoch ist der kühle Tee so lange, bis wieder köstlich heißer serviert wird, angenehm erfrischend und für die Gesundheit besser als süße, sprudelnde Getränke.

Während meines ganzen Lebens habe ich fast alle obenerwähnten Wohltaten des Tees genossen. Natürlich war ich hin und wieder krank, jedoch nie von einem Leiden befallen, von dem man glaubt, daß Tee es verhindern könnte, ausgenommen eine Pilzinfektion am linken Fuß. Nachdem ich erst kürzlich in einem chinesischen Teebuch gelesen habe, daß ein tägliches Fußbad in starkem Tee diese Infektion beseitigen kann, werde ich dieses Mittel jetzt ausprobieren. Im übrigen habe ich bisher nur selten Beschwerden an Atmungs-, Verdauungs- und Ausscheidungsorganen gehabt. Für einen Mann von siebzig Jahren ist das kein schlechter Befund. Obwohl dieser glückliche Zustand sicher nicht ausschließlich auf das regelmäßige Trinken großer Mengen von grünem Tee zurückzuführen ist, kann man doch annehmen, daß Tee mit dazu beigetragen hat.

Die Chinesen sind ein Volk leidenschaftlicher Esser. Man sagt von ihnen, sie verstünden jede nur denkbare eßbare Substanz der Erde, vom Himmel oder aus dem Meer so zuzubereiten, daß sie köstlich schmeckt. Ihre häufigen Festmähler sind keineswegs leicht verdaulich. Zwar sind die großen Bankette mit bis zu 108 Gängen seit langem aus der Mode gekommen, doch wird man von Chinesen immer noch oft zu einem Festessen mit acht Gängen geladen, abgesehen davon, daß man an chinesischen Festtagen alle möglichen Delikatessen geschenkt bekommt. Das könnte zu der Annahme verleiten, die Chinesen müßten zur Fettleibigkeit neigen oder besonders anfällig für Verdauungsprobleme sein, was jedoch keinesfalls zutrifft. Der Grund dafür ist vielleicht, daß sie bei jeder Mahlzeit und auch zwischendurch heißen Tee trinken.

Chinesische Teebücher berichten wenig über die Wirkungen von Tee auf den menschlichen Geist, außer der Feststellung, daß er dem Wachbleiben dient und einen klaren Kopf bewirkt. Meine eigene Erfahrung geht jedoch darüber hinaus.

In unserer oft feindseligen Welt dürften zwei Menschen sehr unterschiedlichen Alters und verschiedener Rasse, die sich nie zuvor gesehen haben, nicht so ohne weiteres brüderliche Zuneigung füreinander empfinden. Vor noch nicht einem Jahr hatte ich überhaupt keine Ahnung von der Existenz des chinesischen Autors Yü Yü, der jetzt mein Tee-Bruder ist. Als mir zufällig eines seiner Bücher in die Hände fiel, hatte ich eine Idee: «Wie wär's, wenn man so etwas auf englisch schreiben würde?» Ich fragte schriftlich bei ihm an, ob ich auf seine Hilfe bei der Materialsammlung rechnen könne. Seine Antwort war ungewöhnlich freundlich und weckte bei mir Begeisterung für etwas, was zunächst nur ein vages Projekt gewesen war. Zwischen uns begann eine lebhafte Korrespondenz, und schließlich hat sich daraus eine enge Beziehung entwickelt. Warum geschah das mit zwei Menschen, die sich niemals gesehen haben? Weil wir *Tee-Menschen* sind.

In der chinesischen Literatur gibt es eine Fülle von Geschichten über Männer, die auf der Basis ihrer gemeinsamen Liebe zum Tee – oder zu der einen oder anderen für das alte China charakteristischen Künste – Blutsbrüder wurden. Ich bin sicher, daß in unserer modernen, ständig hektischer werdenden Welt, in der die Menschen Magengeschwüre, Verdauungsstörungen, Schlaganfälle und alle möglichen psychischen Störungen bekommen, das Praktizieren der Tee-Kunst nach chinesischer Art sich lohnen würde. Da es dafür keine starren Regeln gibt, könnte man dabei auf jeder Art von Stuhl, auf einem Kissen oder auf dem Rasen sitzen, ohne verpflichtet zu sein, über dieses oder jenes nachzudenken oder zu sprechen. Tee schenkt vollkommene Entspannung, und je erfahrener man in der Art ist, ihn sorglos zu genießen, desto stärker erfährt man die Wahrheit dieser Feststellung.

An einer Teestunde teilzunehmen ist eine Möglichkeit, zum Hier und Jetzt zu erwachen. Um so subtile Freuden genießen zu können wie das Zischen und Rappeln des Kessels, die aufsteigenden weißen Dampfwölkchen, die Harmonie der gutgewählten Utensilien, die Farbe, den Duft und den Geschmack des Tees, muß man entschlossen alle Sorgen beiseite schieben. Statt dessen richten Geist und Sinne sich nur auf das, was der Augenblick bietet. Diese Kunst ist nicht nur als solche befriedigend, sie ist auch erheblich billiger als die meisten Therapieformen. Mir sind bisher keine regelmäßigen Teetrinker bekannt, die einen Psychotherapeuten gebraucht hätten. Ein Tee-Mann oder eine Tee-Frau zu sein heißt, seinen eigenen Geist kurieren. Die Kultivierung unmittelbarer Reaktionen auf das Hier und Jetzt mittels der Tee-Kunst führt allmählich zu einer beständigeren Bewußtheit. Danach werden die subtilen Schönheiten jedes Augenblicks, die uns vorher entgangen sind, unsere Aufmerksamkeit finden. Das verhindert die Beschäftigung unserer Gedanken mit einer Vergangenheit, die endgültig vorüber ist, oder mit einer Zukunft, die erst noch bevorsteht – einer Zukunft, die wahrscheinlich weniger trübe sein wird, als wir gefürchtet haben, wenn wir gelernt haben, uns auf die richtige Art und Weise zu entspannen.

Postskriptum

Nach Beendigung dieses Buches hatte ich zwei sehr erfreuliche Erlebnisse. In San Franciscos Chinatown, in der Grant Street, entdeckte ich eine neue Zweigstelle der Ten Ren Tea Company, prachtvoll ausgestattet mit feinen Tees (und einigem Teegeschirr). Das nehme ich als gutes Omen dafür, daß im Westen zunehmend Oolong- und grüne Tees erhältlich sind.

In Taiwan traf ich vor kurzem erstmals meinen Tee-Bruder Yü Yü. Er lud mich zum Besuch eines im schönsten chinesischen Stil eingerichteten Teehauses ein, wo köstliche Tees am Tisch des Kunden zubereitet werden, und zwar von jungen Damen, die jede Nuance der chinesischen Tee-Kunst vollkommen meistern. Mir wurde berichtet, daß die meisten Städte auf Taiwan über einige gute Teehäuser dieser Art verfügen.

DANK

Ich möchte allen in diesem Buch erwähnten Autoren chinesischer Teebücher meinen tiefempfundenen Dank aussprechen – besonders jedoch Li Fêng-Hsing (Yü-Yü), dessen Material an Teelegenden ich ausgiebig genutzt habe. Ebenfalls danken möchte ich Mr. Stephen Batchelor, der unter vielen Mühen alles Wissenswerte über das Teetrinken in Korea zusammengetragen hat, seinen koreanischen Informanten, den Ehrwürdigen Mönchen Pŏpchŏng Sŭnim, Kyongbong Sŭnim, Sonbae Sŭnim sowie Mr. Han Ungbin und anderen. Außerdem danken möchte ich Ms. Terese Tse Bartholomew vom Asian Art Museum, San Francisco, für ihren kenntnisreichen Artikel über I-Hsing-Porzellan; Ms. und Mr. Wong Hong-Sze aus Singapore, sowie Dr. J. C. Covell und Mr. S. H. G. Twining, einem der Direktoren der bedeutenden gleichnamigen britischen Teefirma, für ihre wertvollen Beiträge; Mr. Hsü Wupen und Mr. Hsieh Hsi-chin aus Hongkong, die mich mit einer Reihe chinesischer Teebücher bekannt gemacht haben.

Besonders danken möchte ich Mr. David Abotomey, von dem die Zeichnungen der verschiedenen in diesem Buch dargestellten Tee-Utensilien stammen.

IN DEUTSCHLAND ERHÄLTLICHE CHINESISCHE TEES

(Für die Erstellung der Liste danken wir
der Firma Paul Schrader & Co. in Bremen.)

China-Schwarztees werden, mit einigen Ausnahmen, nach den Provinzen, also nach ihrer Herkunft benannt.
Keemun aus Anhwei
Szechwan
Yünnan
Kiangsi
Hunan
Chingwo aus Fukien
Hainan

China-Oolongs
Oolong
Sechung
Tin Kuan Yin
Kweihua Oolong

China-Greens
Gunpowder
Yong Hyson
Hyson
Sowmee
Panfired
Lu Shan Wu
PiLo Chun
Chunmee
Pai Mu Tan

Mooshan Quing Feng
Yu Hua Cha

Formosa/Taiwan
Schwarztee
Selten und nicht bester Qualität: Taiwan Blacks
Verschiedener Grade Spezialität Tarry Lapsang

Oolong
In bester Qualität von Fancy über Choicest zu minderen Graden

Grün
Chinesische Typenbezeichnung, aber von nicht so guter Qualität wie auf dem Festland